AF377783

ABREGÉ
DE L'HISTOIRE
DE VINGT - QUATRE PERES
de l'Eglise.

HISTOIRE ABREGE'E
Des Empereurs Romains depuis Jules-César jusqu'à Constantin le Grand.

CARACTERES
De cinquante-huit des meilleurs Historiens, Orateurs, & Poëtes Grecs, Latins & François.

OUVRAGE TRES-UTILE;
sur tout aux Jeunes gens de l'un & de l'autre sexe qui pourront en très-peu de tems acquerir une connoissance générale des Mâtieres annoncées ci-dessus.

A PARIS,

Chez

TAUTIN, Libraire, rue Judas, Montagne sainte Geneviéve.

MOREL le jeune, Libraire, au quatriéme Pilier de la Grand' Salle du Palais.

MUSIER fils, Libraire, sur le Quai & au coin de la ruë des Grands Augustins

M. DCC. XV.

Avec Approbation & Privilege du Roy.

ABREGÉ
DE L'HISTOIRE
DE
VINGT-QUATRE PERES
DE L'EGLISE.

SAINT IGNACE MARTYR.

SAINT IGNACE disciple de saint Jean l'Evangeliste, vivoit dans le premier siécle de l'Egli- se. Il fut successeur de saint Evode, premier Evêque d'Antioche, & gouverna pendant près de quarante ans cette Eglise avec un zéle vraiment apos- tolique. L'Empereur Trajan le fit con- duire à Rome, chargé de chaînes, pour servir de spectacle au peuple dans l'am- phithéatre, & pour y être dévoré par les bêtes. Nous avons de ce grand Evêque des Lettres qu'il adressa aux Fidéles, &

A

qui font veritablement dignes d'un Evêque & d'un Martyr. On y apperçoit un
zéle tout divin pour le falut des ames,
pour la confervation de la doctrine de
Jefus-Chrift, & pour le bien de la paix :
enfin elles refpirent partout cette ardeur,
& cet amour pour J. C. qui animoit les
premiers Chrétiens, & qui leur faifoit trouver de la douceur & de la confolation
dans les plus affreux tourmens. C'eft dans
fon Epître aux Romains qu'on lit ces celebres paroles : *Je fuis le froment de Dieu,
je ferai moulu par les dents des bêtes, pour
devenir le froment de J. C.* Il reçut la couronne du Martyre l'an 107. de l'Ere vul-
gaire.

SAINT POLYCARPE.

SAint Polycarpe fut difciple de S. Jean
l'Evangelifte, qui l'ordonna Evêque
de Smyrne. Saint Jerôme dit, qu'après la
mort de cet Apôtre, il fut confideré comme *le Chef des Eglifes d'Afie*, c'eft-à-dire,
qu'il fut l'Evêque le plus confideré. Etant
venu à Rome vers l'an 160. il convertit
plufieurs Marcionites, & les fit revenir
dans le fein de l'Eglife. Il avoit une fi
grande horreur pour les heretiques,

qu'ayant été rencontré par Marcion, qui le pria de le reconnoître ; il lui répondit : *Je te reconnois pour le fils aîné du diable.* Si quelqu'un en sa presence avoit avancé quelque doctrine contraire à la foi des Apôtres, S. Irenée dit, qu'il se seroit aussi-tôt enfui du lieu où il étoit, en s'écriant : O Dieu ! à quel tems m'avez-vous reservé. Pour autoriser cette horreur qu'il faisoit éclater contre les heretiques, il rapportoit, que saint Jean ayant vû entrer l'heresiarque Cerinthe dans un bain, s'enfuit sans se laver, dans la crainte qu'il avoit que le bain ne l'accablât sous ses ruines, à cause que Cerinthe ennemi de la verité s'y rencontroit. Parmi plusieurs Lettres qu'il écrivit, nous n'en avons qu'une seule écrite aux Philippiens, où, selon saint Irenée, l'on peut apprendre le caractere de la Foi, & la verité de la prédication évangelique. Ce fut vers l'an 168. qu'il souffrit le martyre, que M. l'Abbé Fleury rapporte en ces termes: S. Polycarpe fut condamné à être brûlé vif. Le bucher étant allumé, il s'éleva une grande flamme ; alors on vit un miracle surprenant, car le feu s'étendit au-tour du Martyr comme une voûte, ou comme un voile de navire enflé par le vent. Il étoit au milieu semblable, non à de la chair brulée, mais à du pain cuit. Il exaloit une odeur comme d'encens, ou de quelqu'autre parfum précieux. Les perfecuteurs voyant qu'il ne pouvoit être confumé par le feu, commanderent à un *Confecteur* de lui enfoncer un poignard. (On nommoit *Confecteurs* ceux qui avoient charge d'achever les bêtes qui demeuroient bleffées dans l'amphithéatre.) Celui-ci ayant percé le Martyr, le fang fortit en fi grande abondance, qu'il éteignit le feu. Les fpectateurs s'étonnoient qu'il y eut tant de difference entre les Chrétiens & les autres hommes.

SAINT JUSTIN.

SAint Juftin, de Philofophe idolâtre, devenu Chrétien, fut une des plus brillantes lumieres du fecond fiécle. Il fut converti à la foi de Jefus-Chrift, dans l'entretien qu'il eut dans une retraite avec un vieillard inconnu, comme il le rapporte lui-même. Il joignit à une connoiffance parfaite de la Philofophie & des fciences profanes, l'étude fublime de la Théologie. Il compofa divers ouvrages fort utiles à l'Eglife, entr'autres fon excellent Dialogue contre Triphon Juif, où il prouve par une infinité de paffages de l'ancien Teftament, que

Jésus-Christ est le Messie & le Verbe. Il
fit aussi deux admirables Apologies en faveur des Chrétiens. Il adressa la premiere
à l'Empereur Marc Antonin, aux enfans
de ce Prince, au Senat & au peuple Romain, pour justifier les Fidéles des erreurs
dont les Payens les chargeoient, en con-
fondant les veritables Chrétiens avec d'infâmes heretiques de ce tems-là. Il presenta
la seconde aux Empereurs Marc Aurele
& Lucius Verus, pour repousser les calomnies, dont Crescent Philosophe Cynique déchiroit les Chrétiens. Ce même Philosophe qu'il avoit convaincu d'ignorance
& de débauche, le fit condamner à la
mort vers l'an 166. Ainsi le martyre fut
la recompense du travail de Justin. Il si-
gna courageusement avec son sang les veritez qu'il avoit écrites. On ne sçait pas
quel fut le genre de son supplice : il est dit
dans les actes de son martyre, raportez par
Metaphraste, qu'il eut la tête tranchée.

SAINT IRENE'E.

Saint Irenée Grec de naissance, fut
disciple de S. Polycarpe & de Papias.
Après avoir passé sa jeunesse dans l'école
de ces deux sçavans disciples des Apôtres,

il vint en France, où il fut consacré Prêtre de l'Eglise de Lyon par Pothin qui en
étoit Evêque. Après le martyre de ce saint
Prélat, Irenée fut élû son successeur, &
gouverna pendant vingt-quatre ans le
troupeau qui lui étoit confié : les sollici-
tudes de son Episcopat ne l'empêcherent
pas de composer plusieurs beaux ouvrages. Enfin dans le temps de la persecution
de l'Empereur Severe, qui fut plus cruelle
en France que partout ailleurs ; ce Pasteur
vigilant fut massacré (l'an 202.) dans la
ville de Lyon, avec tous les Chrétiens qui
s'y trouverent : ils étoient en si grand
nombre, que leur sang couloit dans toutes
les ruës, selon S. Gregoire de Tours.

SAINT CLEMENT.

SAint Clement, surnommé *Alexandrin,*
quoique, selon l'opinion la plus commune, il eût la ville d'Athenes pour patrie, succeda au celebre Pantenus son
maître en la Charge de Catechiste ou Lecteur des Ecritures saintes dans l'Ecole
d'Alexandrie : ce qui lui fit donner le surnom d'*Alexandrin*. Il fut premierement
engagé dans le Paganisme, & avoit été
de la secte des Stoïciens : mais s'étant

dans la suite fait Chrétien, il entreprit divers voyages pour se faire instruire. Les livres *des Stromates,* c'est-à-dire, des tapisseries, sont le plus considerable ouvrage de ce Pere. Ce nom leur a été donné, parce qu'ils sont remplis d'un mélange presque incroyable d'érudition sacrée & profane. Il composa plusieurs autres ouvrages, entr'autres une *Exhortation aux Gentils.* Le *Pedagogue,* & un petit traité intitulé : *qui est le riche qui se sauve,* rapporté par Eusebe dans le chapitre 23. du livre 3. où il raconte une histoire celebre de S. Jean. Il dit, que cet Apôtre étant venu à une ville d'Asie, recommanda à l'Evêque un jeune homme, qui lui paroissoit avoir de l'esprit : que cet Evêque en prit soin au commencement, & qu'après l'avoir instruit, il lui donna le Baptême ; mais qu'ayant ensuite negligé d'en prendre soin, ce jeune homme se débaucha, & devint Chef de voleurs. Que S. Jean étant revenu quelques années après visiter cette Eglise, demanda à cet Evêque le dépôt (l'enfant) qu'il lui avoit confié. Que l'Evêque lui ayant appris qu'il s'étoit perdu, & qu'il étoit devenu Chef de voleurs ; ce saint Apôtre touché de ce malheur, monta à cheval, se fit prendre par ces voleurs, & conduire à leur Chef,

A iiij

qui, l'ayant reconnu, s'enfuit aussi-tôt : mais que S. Jean ayant couru après, lui fit reconnoître sa faute, lui promit de lui obtenir le pardon de Jesus-Christ, & le ramena avec lui ; & qu'ayant fait une partie de sa penitence, il ne le quitta point qu'il ne fût remis dans l'Eglise.

Saint Clement donne des leçons excellentes pour tous les états dans son *Pedagogue*, qui ne doit pourtant pas être mis indifferemment entre les mains de toutes sortes de personnes. Il enseigne que la fin du manger ne doit point être le plaisir, mais la necessité. Il veut qu'on bannisse des festins des Chrétiens les violons & les chansons. Il y apprend particulierement aux femmes à garder une grande modestie, sur tout dans les Eglises. Il veut qu'on dorme peu, afin d'alonger la vie, dont le sommeil semble un tems perdu. Ce saint Docteur mourut l'an 220.

TERTULLIEN.

IL est constant que Tertullien avoit été Payen, comme il l'avoue lui-même : mais on ne sçait point en quel tems, ni à quelle occasion il entra dans le sein de l'Eglise. Il fut ordonné Prêtre de Carthage en Affrique fa patrie. Ce fçavant homme éclaira d'abord l'Eglife par fes écrits, l'édifia par l'innocence de fa vie, & la défendit par un admirable apologeti-que qui a paffé dans tous les fiécles pour un chef-d'œuvre d'érudition & d'élo-quence. Mais aveuglé depuis par une orgueilleufe feverité que lui infpira le trop d'attachement à la morale des Stoïciens, & féduit par les vifions du faux prophete Montan, il fe revolta contre l'Eglife, fe fervit pour la combattre de la même plu-me, dont il avoit attaqué avec tant de zéle & de force les Marcionites, les Valenti-niens, & autres femblables monftres; & tomba dans un fi grand excès de foibleffe & de folie, qu'il fe laiffa entraîner à croire des revelations ridicules, & des prophe-ties pleines d'extravagances debitées par un impofteur, & par certaines femmes. On ne fçait ce que fit Tertullien depuis fa chute, ni ce qu'il devint. Il ne paroît pas par fes ouvrages qu'il foit revenu de fon égarement : tous les anciens au con-traire en ont parlé comme d'un homme mort hors de la Communion de l'Eglife. On croit communément qu'il mourut vers l'an 220.

ORIGENE.

ORigene se rendit celebre par toute l'Eglise dès sa premiere jeunesse. Il n'avoit que seize ans lorsqu'une violente persecution fut suscitée, dans laquelle Leonidas son pere se trouva enveloppé. Ce jeune enfant exhorta son pere au martyre avec une constance, qu'on peut justement appeller l'heroïsme de la vertu : *Tenez ferme mon pere*, lui dit-il, *& prenez garde de ne pas changer à cause de nous.* Leonidas animé par le discours de son fils, remporta la palme du martyre. Origene avoit eu pour maîtres dans la Philosophie Ammonius, & dans la Theologie Clement Alexandrin, auquel il succeda dans la Charge de Lecteur de l'Ecole d'Alexandrie, quoiqu'il n'eût alors que dix-huit ans. Ainsi chargé de l'instruction des Catecumenes, il quitta la profession de la grammaire, & vendit ce qu'il avoit de livres de sciences prophanes à une personne qui lui fournissoit pour sa nourriture quatre oboles, c'est-à-dire, six sols par jour ; ce qui lui suffit pendant plusieurs années, car sa vie étoit très-dure. Il dormoit sur la terre nuë :

il employoit la plus grande partie de la nuit à méditer l'Ecriture sainte, qu'il apprit par cœur : ses jeûnes étoient frequens.

Il fut ordonné Prêtre par Alexandre Evêque de Jerusalem ; mais ayant été excommunié par Demetrius Evêque d'Alexandrie, il se retira dans la ville de Tyr en Phenicie, où il travailla à l'édition de ses Hexaples, ou six versions de l'Ecriture sainte qu'il rangea sur autant de colomnes. Ce fut vers l'an 229. qu'il commença à écrire des Commentaires sur l'Ecriture. Peut-être est-il le premier qui l'ait expliquée tout entiere. Il écrivit entr'autres 25. tomes des Commentaires sur S. Matthieu, & un plus grand nombre sur les petits Prophetes. Plus de sept Notaires étoient toujours prêts à écrire ce qu'il dictoit, & se soulageoient en se succedant tour à tour. Il n'avoit pas moins de Libraires pour mettre les notes au net. (Les anciens appelloient *Notaires* ceux qui sçavoient l'art d'écrire en notes abregées, dont chacune valoit un mot, & qui écrivoient si vîte, qu'ils n'avoient point de peine à suivre la parole dans les discours les plus animez. C'est ainsi que l'on redigeoit les dépositions des témoins, les procedures judiciaires, & tous les actes publics. On nommoit *Libraires* ou *Antiquai-*

res, ceux qui tranfcrivoient au net en beaux caracteres ce qui avoit été écrit en notes.)

Origene ayant encouragé plufieurs fois les Chrétiens au martyre, fouffrit lui-même avec une conftance étonnante les plus cruels tourmens pour la défenfe de la Foi, & il eft faux qu'il ait fuccombé lâchement à la perfecution, comme quelques Auteurs l'ont prétendu.

Le nombre prefqu'incroyable des livres qu'il a compofez, ne font pas exemts d'erreurs, même des plus groffieres, qu'il avoit puifées pour la plûpart dans la Philofophie de Platon. Un de fes derniers écrits, & le plus utile de ceux qui reftent, eft l'ouvrage contre Celfe Philofophe Epicurien, qui avoit écrit un livre plein de calomnies & d'injures contre la Religion chrétienne. Ce fçavant homme mourut dans la ville de Tyr l'an 252. âgé d'environ 70. ans Ses Sectateurs furent nommez Origeniftes.

SAINT CYPRIEN.

SAint Cyprien Evêque de Carthage, étoit d'une naiffance illuftre. Il avoit enfeigné la Rhetorique, étant encore

Payen, & ne se convertit à la Foi qu'après avoir meurement déliberé. Les Payens furent extrémement choquez de sa conversion : il y en eut qui le nommerent par mépris *Coprien*, par une froide allusion de son nom au mot grec, qui signifie du fumier. Un Prêtre nommé Cecilius le convertit, S. Cyprien le regarda depuis comme son pere, & prit son nom avec celui qu'il portoit déja.

Etant Evêque, il soutint & défendit avec trop d'opiniâtreté contre le Pape Etienne la coutume de rebaptiser les heretiques qui quittoient leurs erreurs. Cette coutume avoit été introduite par les Evêques de l'Asie. Le Pape de son côté ne se défendit pas avec moins de fermeté : mais ces disputes qui furent poussées avec un peu trop d'aigreur, n'empêcherent pas S. Cyprien de reconnoître la primauté du saint Siege. Le martyre que souffrit depuis ce grand Evêque pour la verité de la foi de Jesus-Christ, effaça par son sang, le défaut de charité qu'il avoit pû faire paroître dans ses contestations. Il eut la tête tranchée (l'an 258.) le même jour, au bout de l'an, où il avoit eu la vision touchant sa mort. Les ouvrages que nous avons de ce saint Docteur, montrent assez son esprit, son éloquence & son zéle.

SAINT DENIS.

SAint Denis, surnommé le Grand, étoit né de parens Gentils & qualifiez dans le monde. Dieu lui ayant fait connoître la verité, il reçut le Baptême des mains de Demetrius Evêque d'Alexandrie, & se rendit le disciple du grand Origene. Il fit tant de progrès sous un si bon maître, qu'il fut dans la suite jugé digne de lui succeder dans l'Ecole d'Alexandrie. Sa science & sa vertu qui le faisoient admirer de tout le monde, le firent enfin élever sur le Siége Episcopal de cette ville. Ce fut sans contredit un des plus sçavans Prélats de son siécle. Il étoit consulté de toutes parts sur les mysteres de la Religion. Outre plusieurs ouvrages qu'il composa contre les heretiques, il écrivit un grand nombre de lettres aux plus celebres Evêques de l'Eglise. Ayant beaucoup souffert pour la verité de la Foi, & pour la gloire du nom de Jesus-Christ, il mourut la dix-septiéme année de son Episcopat, sous le regne de l'Empereur Gallien.

LACTANCE.

LActance ayant embrassé dans sa jeunesse la Religion chrétienne, étudia
sous le celebre Arnobe, dont il surpassa
bien-tôt l'éloquence. On ne peut nier qu'il
soit le plus éloquent de tous les Auteurs
Ecclesiastiques latins. Son stile est entierement semblable à celui de Ciceron; aussi a-
t'il merité le glorieux surnom de *Ciceron
Chrétien.* Il y a eu même des Auteurs qui
n'ont point fait difficulté de préferer son
stile à celui de l'Orateur Romain. Quoiqu'il en soit, il étoit au sentiment de S.
Jerôme le plus éloquent homme de son
tems. Les sept livres *des Institutions divi-
nes* qu'il composa pour défendre notre
sainte Religion, & pour répondre à tous
ceux qui ont écrit contr'elle, répondent
parfaitement au témoignage de S. Jerôme.

Sa pieté surpassa encore son éloquence,
comme on en peut juger par ce trait de sa
vie. Constantin l'ayant choisi pour le
mettre auprès de son fils Crispus, afin
qu'il lui apprît les belles Lettres. Au milieu de tous ces honneurs, Lactance bien
loin d'en rechercher les plaisirs, manqua
souvent des choses même necessaires.

Vivre dans la pauvreté dans le sein même de l'abondance ; s'abstenir des plaisirs au milieu des personnes qui n'ont d'autre soin que celui de se les procurer : quelle vertu ! Un homme qui vit de la sorte est un phénomene bien rare, sur tout dans le siécle où nous vivons.

SAINT ATHANASE.

SAint Athanase natif d'Alexandrie, fut d'abord Diacre de cette même ville. Ayant été mené au Concile de Nicée par Alexandre son Evêque ; il défendit avec tant d'éclat la divinité de Jesus-Christ, qu'il fut depuis le plus grand objet de la haine & de la fureur des Ariens. Quoiqu'après la mort d'Alexandre, les Evêques de la Province se fussent assemblez avec toute la multitude du peuple Catholique, qui s'écria tout d'une voix pour demander Athanase ; & quoiqu'il fût ordonné Evêque d'Alexandrie par le plus grand nombre des Evêques, à la vûë de toute la ville & de toute la Province, toutefois les Ariens oserent bien avancer depuis, que quelques Evêques l'avoient ordonné en cachette. Souvent chassé de son Siege, & rétabli, il fut exposé continuellement aux

violences

violences & aux calomnies des heretiques.
Ils l'accuserent d'avoir tué Arsene Evêque Melecien, & de lui avoir coupé la
main droite pour s'en servir à des opera-
tions magiques. En effet Arsene avoit
disparu tout à coup, & les Meleciens
montroient une main desséchée qu'ils portoient dans une boëte, & qu'ils disoient être
la main d'Arsene. Enfin Arsene après bien
des recherches fut pris, & pour accrediter
la calomnie des Ariens, il nia qu'il fût Arsene, jusqu'à ce qu'il eut été presenté juri-
diquement à Paul Evêque de Tyr qui le
connoissoit depuis long-tems. Nous verrons dans un moment le dénouement de
cette imposture. Ce saint Prélat fut encore
attaqué dans son honneur, qui doit être
plus cher à un Evêque que la vie même.
Dans le Concile de Tyr, il fut accusé d'a-
voir violé une vierge consacrée à Dieu,
qui en fit ses plaintes. S. Athanase en fut
averti, & concerta de ce qu'il devoit faire,
avec un de ses Prêtres nommé Timothée.
Etant entré, & sommé de répondre à cette
accusation, il ne dit mot, comme si elle
ne l'eût pas regardé : mais Timothée prenant la parole : Quoi ! dit-il, vous préten-
dez que j'ai logé chez vous, & que je vous
ai deshonorée. La femme le montrant au
doigt, s'écria, oüi, c'est vous-même. La

plûpart ne purent s'empêcher de rire de voir une accusation si mal concertée & si bien détruite. Pour la main d'Arsenne, il en fit à peu près de même. Il le fit venir au Concile, couvert d'un manteau, & dit, est-ce là Arsenne que j'ai tué? & ayant montré une main après l'autre, il dit: Voilà Arsenne avec ses deux mains, c'est à mes accusateurs à chercher où pouvoit être placée la troisiéme. Les Ariens ainsi confondus s'écrierent qu'il étoit magicien. Sa vie ne fut qu'une suite d'exils & de persecutions, mais son innocence tant de fois attaquée triompha toujours de l'imposture.

Aucun des Peres de l'Eglise n'a écrit si profondément, ni si clairement du mystere de la Trinité, & de la divinité de Jesus-Christ. Les plus saints & les plus sçavans personnages du Christianisme se sont comme épuisez en titres & en éloges pour cet illustre défenseur de la Foi. Enfin il consomma saintement une vie qui avoit été traversée pendant quarante-six ans pour la défense de l'Eglise, & mourut vers l'an 373. au milieu de ses cheres brebis, étant âgé de près de quatre-vingt ans.

SAINT HILAIRE.

SAint Hilaire étoit de Poitiers, ville celebre des Gaules. Quoique né de parens idolâtres, il eut le bonheur de connoître la verité, & de recevoir le Baptême. La ville de Poitiers ayant perdu son Evêque, les Fideles de cette Eglise le choisirent pour leur Pasteur : mais les Ariens dont il fut un des plus redoutables adversaires, le firent déposer & reléguer en Phrygie. Ce genereux défenseur de la Foi fut enfin renvoyé dans son Eglise après un exil de quatre ans. Il fut reçu dans les Gaules comme en triomphe, & fit assembler plusieurs Conciles contre les Ariens, dont il combattit toujours l'impieté avec cette force, ce zéle & cette science que nous admirons encore aujourd'hui dans ses ouvrages. Tout le monde avoua, dit Sulpice Severe, que la France étoit redevable au saint Evêque de Poitiers, du bonheur qu'elle eut d'être délivrée de l'heresie. Enfin après tant de glorieux travaux supportez pour la défense de la Foi, il finit le cours de sa vie l'an 367.

SAINT BASILE.

SAint Basile le Grand , que l'Eglise grecque reconnoît pour une de ses plus brillantes lumieres, nâquit à Cesarée en Cappadoce, de parens d'une sainteté éminente, ses freres & ses sœurs se distinguerent aussi par leur piété. Ayant renoncé au monde, il alla visiter en Egypte & en Syrie les plus fameux solitaires, pour apprendre d'eux le chemin de la perfection. Il ne pensoit qu'à profiter dans le desert des grands exemples de vertu dont il avoit été témoin, lorqu'il fut retiré par force de sa chere solitude pour être ordonné Prêtre, & puis Evêque de Cesarée. La pureté de sa foi le fit persecuter par les Ariens, & par tous les Evêques du Pont, qui se separerent même d'avec lui. L'Empereur Valens eut beau user de menaces pour engager Basile à embrasser la doctrine des Ariens. Ce saint Evêque lui répondit avec une fermeté veritablement Episcopale ; ce qui étonna si fort l'Empereur, qu'étant venu lui-même à Cesarée, il n'osa rien entreprendre contre lui. Mais quelque tems après cet Empereur poussé par les Ariens, resolut de le chasser de

Cesarée. On dit que dans le tems qu'il dictoit cet ordre, son fils tomba malade, & que sa maladie le fit changer de resolution : qu'il envoya même querir S. Basile, & qu'à son arrivée l'enfant de ce Prince fut presque guéri ; mais qu'ayant ensuite été baptisé par les Ariens, il retomba malade & mourut. Après sa mort Valens voulut encore envoyer S. Basile en exil, mais il en fut détourné, à ce qu'on prétend, parce que voulant signer cet ordre, ses plumes se rompirent trois fois. Ce prodige fit quitter à l'Empereur le dessein de le persecuter. Ce saint Evêque mourut l'an 379.

S. GREGOIRE DE NAZIANZE.

SAint Gregoire étoit natif de la ville de Nazianze en Cappadoce ; son pere nommé Gregoire, & sa mere Nonne, ont été mis par l'Eglise au rang des Saints. Etudiant à Athenes, il lia avec S. Basile une amitié qui dura autant que leur vie. Ayant été ordonné Prêtre, il se retira dans une solitude en la Province du Pont, où il vécut plusieurs années avec son ami Basile. Etant ensuite allé à Constantinople pour y combattre les Ariens & les Appollinaristes, il fut fait Evêque de cette ville ;

mais peu de tems après, il quitta volontai-
rement cette dignité pour le bien de la
paix, & paſſa les huit dernieres années de
ſa vie dans la retraite à la campagne. C'eſt
un des plus ſçavans & des plus ſublimes
Docteurs de l'Egliſe grecque, & on le
nomme le Theologien par excellence. Il
mourut l'an 389.

S. GREGOIRE DE NYSSE.

SAint Gregoire Evêque de Nyſle étoit
frere de S. Baſile & de Pierre Evêque
de Sebaſte. Il fut chaſſé de ſon Egliſe par
les Ariens ; & pendant huit ans que dura
ſon banniſſement, il ſe vit contraint d'er-
rer çà & là, de peur de tomber entre les
mains des heretiques. Ayant été depuis dé-
puté du Concile d'Antioche pour faire la
viſite desEgliſes de l'Arabie,il laiſſa partout
des marques d'une grande ſainteté & d'u-
ne érudition profonde, qui paroiſſent dans
ſes écrits. Ayant viſité Jeruſalem & les
ſaints lieux, il fut peu édifié des habitans
du païs, dont il témoigne que les mœurs
étoient très-corrompuës, & que toutes
ſortes de crimes y regnoient, particulierement les meurtres. C'eſt pourquoi étant
depuis conſulté par un ſolitaire ſur le pe-

lerinage de Jerusalem, il ne l'approuve point. Ce n'est pas que ce Saint blâme les pelerinages en general, puisqu'il avoit fait lui-même celui dont il s'agit ; mais il en represente les inconveniens qui ont été remarquez par les personnes sages de tous les siécles. Le plus long & le plus excellent des ouvrages de ce Pere, est son traité contre Eunomius, divisé en douze livres, dans lesquels il refute une partie de ce que cet heretique avoit avancé dans son apologie pour répondre à S. Basile. Il mourut l'an 395.

SAINT AMBROISE.

S Aint Ambroise Gouverneur de Milan & de toute la Province, homme d'esprit & de probité, n'étoit encore que Catécumene, lorsqu'il vint à l'Eglise après la mort d'Auxence fameux Arien Evêque de Milan, pour appaiser les troubles qui s'étoient élevez entre les Ariens & les Catholiques au sujet de l'élection d'un Evêque. Sa presence dissipa la sédition qui étoit prête à éclater, & l'assemblée s'étant réünie comme par une inspiration divine, le peuple voulut le porter sur le trône Episcopal, quelque résistance qu'il pût faire. On dit que ce fut un enfant qui commença à crier trois fois ; *Ambroise Evêque*, & que le peuple suivit. On lui donna des Gardes, dans la crainte qu'on eut qu'il ne s'enfuit ; & son élection ayant été confirmée par l'Empereur, on le fit baptiser promptement, & consacrer huit jours après. Il témoigna dans toute sa conduite, même à l'égard des Empereurs, une fermeté qui a fait l'étonnement de tous les siécles. On sçait assez le rang distingué qu'il tient parmi les Docteurs de l'Eglise latine. Ce saint Prélat mourut l'an 397.

SAINT EPHREM.

SAint Ephrem Diacre de l'Eglise d'Edesse se rendit recommandable par sa pieté, par son éloquence, & par quantité de miracles. Il fut honoré dans sa ville autant qu'il le meritoit ; & depuis l'exil de son Evêque, il soutint presque seul les Chrétiens par ses discours touchans, & par les prodiges dont ses actions étoient accompagnées. Il avoit l'esprit de componction & le don des larmes ; il en eut fait verser à des cœurs de pierre, tant il étoit & paroissoit touché lui-même des veritez qu'il annonçoit aux autres. Son humilité qui
lui

lui fit refuser l'Episcopat, lui rendoit onereux le ministere de la parole ; il eût beaucoup mieux aimé être instruit que d'instruire les autres : il étoit cependant si versé en toutes sortes de sciences, qu'on le nommoit communément le Docteur de l'univers ; & ses ouvrages furent si estimez qu'on les lisoit publiquement dans quelques Eglises après la lecture des Livres Saints. Il florissoit vers la fin du quatriéme siécle.

SAINT CYRILLE.

SAint Cyrille, Patriarche de Jerusalem, se distingua par son attachement inviolable à la foi de Nicée ; invincible défenseur de la consubstantialité du Verbe, il combattit les Ariens avec tant de force & d'avantage, qu'il mérita d'être l'objet de la haine & de la persecution de ces héretiques : ils l'obligerent plusieurs fois de quitter son Eglise, & de se retirer en exil. Excellent Prédicateur, il détruisit dans presque tous les lieux où il passa, l'erreur & le vice, soit par ses exemples, soit par ses discours : & quoiqu'il eût la mine fort basse, la politesse de son esprit réparoit son exterieur disgracié. Son stile simple & na-

C

turel, accompagné de beaucoup d'érudition & de solidité, le rendoit maître des esprits & des cœurs. Ses Catecheses ou instructions sont célebres, & lui ont fait mériter le titre de Pere de l'Eglise. On a encore la Lettre où ce Saint rapporte le miracle suivant. Il parut en Orient, dans le ciel une Croix lumineuse sur la Ville de Jerusalem, s'étendant depuis le Calvaire jusqu'au Mont des Olives, par l'espace de trois quarts de lieuë : la largeur étoit proportionnée à la longueur. Ce n'étoit pas des rayons étendus comme une comete, mais un amas de lumiere épaisse & éclatante. Elle parut en plein jour le 7. May 351. à 9. heures du matin. Ce prodige convertit un grand nombre de Juifs & de Payens : ce Phenoméne, dit-il, n'a point été passager, il a subsisté pendant plusieurs heures visible, & plus éclatant que le soleil dont la lumiere l'auroit effacé si la sienne n'eût été plus forte.

SAINT JEROME.

SAint Jerôme né en Dalmatie, de parens riches & de condition, fit ses premieres études à Rome. L'envie de s'instruire lui inspira le desir de voyager.

Après avoir parcouru diverses Provinces, & demeuré plusieurs années dans les Gaules & dans les Lieux Saints, il alla à Constantinople étudier sous saint Gregoire de Nazianze. Il reçut ensuite l'ordre de Prêtrise, vint demeurer quelque tems à Rome, & enfin retourna dans sa chere solitude de Bethléem. La grotte où étoit né le Sauveur, fut long-tems témoin de sa sainteté. Les rigueurs de sa vie pénitente ne l'empêcherent pourtant pas de travailler infatigablement : il s'appliqua tellement à l'étude des saintes Lettres, qu'il en acquit une connoissance profonde. Il avoit été à Rome l'Oracle de plusieurs Evêques, & du Pape même ; mais il le fut dans sa solitude de tout le monde chrétien. Saint Augustin le regardoit comme son maître, & le consultoit souvent. Aucun des Peres n'a plus travaillé à l'éclaircissement de l'Ecriture Sainte ; & la Version des Livres Saints que l'Eglise a consacré sous le nom de *Vulgate*, est presque toute de ce sçavant & laborieux Docteur. Il étoit le fleau des héretiques contre lesquels il a remporté autant de victoires qu'il a livré de combats. Son stile est pur & éloquent ; mais l'ardeur de son zéle contre les héretiques, joint au caractere de son esprit, le rendoit un peu amer. Personne n'ignore que c'eſt un des quatre grands Docteurs de l'Egliſe Latine. Il mourut l'an 420.

SAINT AUGUSTIN.

SAint Auguſtin, nâquit à Thagaſte, ville d'Afrique, de parens chrétiens qui n'étoient ni dans la miſere, ni dans l'abondance. Il fit ſes études à Carthage, & ſe ſentant un génie au-deſſus du commun, cultivé par la connoiſſance des belles lettres, il crût pouvoir montrer ſes talens à la premiere Ville du monde, & vint à Rome pour y enſeigner la Rhetorique : il s'y déregla, & tomba même dans les erreurs groſſieres des Manichéens. La ville de Milan ayant demandé quelque tems après, un Profeſſeur de Rhetorique, Symmaque Préfet de Rome, leur envoya Auguſtin dont l'eſprit & l'éloquence s'étoient déja fait connoître. La réputation de Saint Ambroiſe fit naître au nouveau Profeſſeur la curioſité de l'entendre : mais en ne cherchant que ſon plaiſir, il ne laiſſa pas de trouver la verité : les diſcours du ſaint Archevêque leverent tous ſes doutes ; & les larmes, les aumones & les prieres de Sainte Monique ſa mere, lui attirerent cette grace victorieuse qui l'affranchit de ses liens, & acheva de le convertir. Il fut en ce moment le Chef-d'œuvre & le miracle de ce don celeste dont il devoit être dans la suite le plus genereux défenseur. Ayant été baptisé par Saint Ambroise, il renonça dès-lors au monde, & consacra toutes ses études à la défense de la Religion : il crut qu'il devoit aller servir Dieu dans sa patrie ; mais à peine y fut-il arrivé, que le bruit de sa science & de sa pieté s'étant répandu dans toute l'Affrique, Valere Evêque d'Hyppone, jetta les yeux sur lui, & voulut le voir son Successeur dès son vivant. Cette brillante lumiere n'éclaira pas seulement les peuples que la Providence venoit de confier à ses soins ; elle répandit ses rayons par toute la terre. Personne n'ignore les immenses travaux de ce grand Saint pour l'Eglise, laquelle a souvent composé ses décisions de ses ouvrages victorieux dans lesquels il combat & réfute d'une maniere invincible, les Manichéens, les Donatistes, les Pelagiens, & generalement tous les monstres d'héresie qui troublerent l'Eglise de son tems. Le seul nom d'Augustin est le plus bel éloge qu'on puisse faire de ce saint Docteur, & tout ce qu'on ajouteroit, seroit au-dessous de l'idée & du

C iij

rang qu'il tient dans l'efprit & le cœur de tous les peuples. Il mourut l'an 430.

S. JEAN CHRISOSTOME.

SAint Jean Chrifoftome, le plus éloquent des Peres Grecs, nâquit à Antioche. Arethufe fa mere, femme d'une grande pieté, n'oublia rien pour lui donner une bonne éducation : le Seigneur benit fes foins. Chrifoftome fuivit d'abord le Barreau, & les grands applaudiffemens qu'il y reçut ne l'empecherent pas de s'en dégouter : il ne s'attacha plus qu'à l'étude des Saintes Lettres, & il fut inftruit par S. Melece Patriarche d'Antioche, qui le baptifa, & le fit Lecteur de fon Eglife. Sa trop grande jeuneffe lui faifant craindre de fe perdre dans une ville fi voluptueufe, il fe retira fur d'affreufes montagnes, où il mena une vie prefque au-deffus de l'humanité. Ses mortifications altererent tellement fa fanté qu'il fut obligé de retourner à Antioche où il fut fait Diacre par Saint Melece. Saint Flavien lui ayant reconnu un grand talent pour la chaire, lui donna l'ordre de Prêtrife, & le chargea du miniftere de la parole : s'en étant acquité pendant douze ans avec une conftance & un fuccès prodigieux, l'Empereur Arcadius l'éleva fur le Siége Patriarchal de Conftantinople. Saint Epiphane & Saint Cyrille d'Alexandrie s'étant laiffez furprendre aux calomnies qu'on inventa contre lui, le dépoferent, & l'Imperatrice Eudoxie le fit envoyer en exil; mais un horrible tremblement de terre qui penfa renverfer Conftantinople, obligea cette Princeffe de le rapppeller le même jour. Sa fermeté l'ayant fait bannir une feconde fois, il mourut en chemin à l'âge de foixante ans; fon éloquence lui fit donner le furnom de Chrifôftome, c'eft-à-dire, Bouche d'Or. Ses ouvrages font fi pleins d'efprits, & fes comparaifons fi belles, qu'on peut lui pardonner aifément fon ftile Afiatique (diffus) il mourut l'an 407.

S. LEON LE GRAND.

LEon premier, furnommé le Grand pour fes éminentes qualitez, étoit de Tofcane: il fut premierement Diacre fous le Pape Sixte troifiéme, dont il fut le défenfeur & l'ami le plus fidéle. Sixte étant mort, l'Eglife Romaine fit revenir Saint Leon des Gaules où il avoit été envoyé pour travailler à la reconcilia-tion d'Accius, & d'Albin Gouverneurs des Armées Romaines, & il fut élevé sur le Siége de Saint Pierre qu'il illustra par sa science, sa pieté, & ses grandes actions. Il combattit fortement par son zéle & par ses admirables écrits, les Manichéens, les Pelagiens, les Eutichiens, les Nestoriens & autres hérétiques, & les fit condamner dans plusieurs Conciles. Il ne témoigna pas moins de vigueur pour maintenir la discipline Ecclésiastique, ou pour la réta-blir. Sa tendresse pour ses oüailles le fit al-ler au-devant d'Attila, Prince barbare, qui se faisoit appeller *le Fleau de Dieu & la Terreur de l'Univers*, & qui s'étant mis à la tête d'une armée redoutable, s'avan-çoit déja vers Rome : le Saint Pontife fit par la force de son éloquence toute divi-ne, ce que n'auroient pû faire toutes les forces & les armées de l'Empire, & obli-gea ce fier & terrible Conquerant de tourner ses armes d'un autre côté. Ce grand Saint, après avoir gouverné l'Eglise pendant 20. ans & 11. mois, s'endormit au Seigneur l'an 461.

S. GREGOIRE LE GRAND.

SAint Gregoire à qui ſes vertus & ſes excellentes qualitez meriterent le ſurnom de Grand, étoit fils de Gordien, Senateur Romain : après la mort du Pape Pelage ſecond, qui l'avoit fait Cardinal Diacre, on ne trouva point de ſujet plus digne de remplir le Siége vacant, & Gregoire fut forcé d'accepter le ſouverain Pontificat. Il appaiſa d'abord par ſes prieres une peſte publique qui déſoloit la ville de Rome ; mais bientôt les ſoins vigilans de cet incomparable Paſteur s'étendirent ſur toute la terre : il inſtruiſit les Empereurs, & tout enſemble leur fit rendre l'obéïſſance qui leur étoit dûë. Il conſola l'Affrique déſolée, fortifia en Eſpagne les Viſigoths nouvellement convertis de l'Arianiſme, & Recarede le Catholique qui venoit de rentrer dans le ſein de l'Egliſe, convertit l'Angleterre, réforma la diſcipline dans la France, fléchit les Lombards, ſauva Rome & l'Italie que les Empereurs ne pouvoient aider ; reprima l'orgueïl naiſſant des Patriarches de Conſtantinople, éclaira toute l'Egliſe par ſa doctrine, gouverna l'Orient & l'Occident avec autant de force que d'humilité. Son admirable livre qu'il intitula *Le Paſtoral*, eſt encore aujourd'hui le plus parfait modele que puiſſent ſe propoſer ceux qui ſont deſtinez au gouvernement des ames : ce livre auſſi-bien que ſes autres ouvrages, qui ne reſpirent que le zéle, l'humilité, & la ſcience des Saints, l'ont fait mettre au nombre des plus grands Docteurs de l'Egliſe, parmi leſquels il tient le rang glorieux de ceux que l'Egliſe Latine regarde principalement comme ſes Peres, tels que ſont Saint Jerôme, Saint Ambroiſe & Saint Auguſtin.

L'exterieur mortifié de Jean de Conſtantinople lui attira le nom de *Jeûneur* ; il s'attribuoit le titre ambitieux de Patriarche œcuménique, contre lequel S. Gregoire s'éleva fortement, & dit par un eſprit d'humilité ; Je ſuis le ſerviteur de tous les Evêques tant qu'ils vivent en Evêques : lui qui ſe ſeroit pû attribuer le titre de Jean le Jeûneur ; car on trouve dans le Concile de Calcedoine, des Requêtes adreſſées à Saint Leon, ſous le titre d'*Archevêque Oecuménique* : mais Saint Gregoire dit, pas un n'a voulu le recevoir, de peur qu'il ne ſemblât s'attribuer ſeul l'Epiſcopat, & l'ôter à tous ſes freres. C'eſt lui qui le premier des Papes, prit au commencement de ſes lettres, l'humble titre de *Serviteur des Serviteurs de Dieu*, & cette pieuſe coutume eſt encore aujourd'hui pratiquée par les Souverains Pontifes. Ce ſaint Pape mourut au commencement du ſeptiéme ſiécle.

SAINT BERNARD.

SAint Bernard, Gentilhomme Bourguignon, nâquit dans un Village ſitué à une lieuë de la Ville de Dijon; n'étant encore âgé que de 22. ans, il ſe retira du monde dans le Monaſtere de Cîteaux, avec ſix de ſes freres & trente de ſes compagnons. Il fut envoyé cinq ans après, dans celui de Clairvaux nouvellement bâti, & dont il fut le premier Abbé. Son ſçavoir, les lumieres de ſon eſprit, ſon humilité, ſa douceur & ſa fermeté le mirent en une haute eſtime parmi les Prélats, les Grands & le Peuple, & le rendirént en peu de tems l'Oracle de ſon ſiécle. Ses écrits ſont pleins de pieté, d'onction & d'une éloquence qui ne ſe reſſent en rien des bois & des forêts où cet humble Abbé diſoit l'avoir appriſe. Ses ouvrages ont toujours eu dans l'Egliſe une autorité égale à celle des Peres, dont il

est ordinairement nommé le dernier, eu
égard au tems où il a vêcu, étant un des
plus illustres pour la science & pour le
mérite. Aucun ne travailla avec plus de
zéle à la réforme du Clergé & des Ordres
Religieux, & à l'extirpation du Schisme
qui troubloit la paix de l'Eglise : il combattit aussi les Hérétiques avec beaucoup
de force, & fit condamner les erreurs
d'Abelard, Moine Breton, aussi fameux
par ses débauches & par ses erreurs,
qu'illustre par son bel esprit. Arnaud de
Bresse, Disciple d'Abelard, trouva encore un terrible adversaire dans Saint Bernard. Gilbert de la Porrée Evêque de Poitiers, ayant été condamné au Concile de
Reims au sujet des sentimens dangereux
qu'il avoit sur le Mystere de la Trinité, se
soumit avec respect à la Sentence que
prononça contre lui Eugene III. aidé des
soins & des lumieres de Bernard dont il
avoit été le Disciple. Enfin ce Saint &
sçavant personnage mourut âgé de 63.
ans, consumé de fatigues & d'austeritez,
dans sa chere solitude, & entre les bras de
ses Religieux. Ce Saint Docteur florissoit dans le 12. siécle.

ABREGÉ
DE L'HISTOIRE
DES EMPEREURS ROMAINS,
Depuis Jules Cesar jufqu'à Conftantin
le Grand.

JULES CESAR.

CEfar effaça tous les Heros que la
Republique Romaine avoit élevez
depuis fon établiffement. Rome, & peut-
être le monde entier, n'eut jamais fon pa-
reil : il poffeda toutes les grandes qualitez
d'Alexandre, fans en avoir ni l'emporte-
ment, ni l'intempérance. Sans entrer dans
le détail d'une foule d'actions merveilleu-
fes, & pour réduire tout à peu de paroles :
en moins de dix ans que dura la guerre
des Gaules, il prit d'affaut plus de huit
cent Villes, fubjugua trois cens Nations,
combattit plufieurs fois, & défit en bataille rangée trois millions d hommes. Il fut
quatre fois Conful, deux fois Dictateur,

& maître enfin d'une Republique qui étoit la maîtresse du monde : mais à peine avoit-il gouté l'espace de quatre mois le fruit de tant d'illustres travaux, qu'il fut assassiné par les mains de ses amis (Brutus & Cassius) & tomba mort aux pieds de la Statuë de Pompée, comme une victime que la vengeance immoloit à ce grand homme.

OCTAVIEN CESAR.

Octavien Cesar à qui le Senat donna le nom d'Auguste, se vit après la victoire d'Actium, le seul maître de l'Empire Romain. Il regna long-tems avec beaucoup de sagesse & de moderation ; il réduisit l'Egypte en Province ; il conquit la Cantabrie, la Dalmatie, la Pannonie, l'Illirie, la Vindelicie & reprit l'Armenie sur les Parthes. Il termina heureusement par lui-même, ou par ses Lieutenans, la plûpart des guerres qu'il entreprit, & fit enfin regner la paix sur la mer & sur la terre. C'est durant cette paix generale que Jesus-Christ, fils de Dieu, nâquit de la Vierge Marie. Jamais les sciences & les beaux arts ne fleurirent plus que sous le régne d'Auguste qui fut le protecteur & l'ami de tous les sçavans. Il embellit tellement la Ville de Rome, que ce n'est pas sans raison qu'il se vantoit que l'ayant trouvée bâtie de brique, il la laissoit toute de marbre. La gloire de ce grand Prince pénétra jusques chez les Scithes & les Indiens, qui envoyerent des Ambassadeurs à Rome pour demander son amitié. Auguste ne fut pourtant pas si heureux, que son bonheur ne fût troublé par quelque disgrace : il n'eut point d'enfans mâles qui pûssent être heritiers d'un Empire si considerable. Une mort prématurée lui enleva presque successivement tous ses neveux ; & il fut obligé de releguer sa fille Julie à cause de l'extrême corruption de ses mœurs. Il mourut à Nole, la soixante-seiziéme année de son âge & la quarante-quatriéme de son regne.

Les honneurs qu'on rendit à cet Empereur après sa mort, produisirent une nouvelle impieté dans le Paganisme : on lâcha du haut de son bûcher un Aigle qui emportoit son ame dans le Ciel, selon ces Idolâtres ; un Senateur assura même avec serment, qu'il l'avoit vûe monter au Ciel. Le Senat lui décerna des honneurs divins, un Temple, des Prêtres & une Prêtresse qui fut sa propre femme Livie. Presque toutes les villes fonderent des jeux en fon honneur. La plûpart des Provinces lui avoient dreffé dés fon vivant des Temples & des Autels. Malheureux Empereur, Dieu parmi les hommes, & illuftre réprouvé parmi les Démons : aimé, loüé, invoqué où il n'étoit pas, & tourmenté où il étoit.

TIBERE.

Tibere beau-fils, gendre & heritier d'Augufte, fut d'un caractere entierement oppofé à celui de fon Prédéceffeur, il ajouta à l'orgüeil & à la cruauté, une profonde diffimulation, & fçut parfaitement déguifer fes vices, fous les dehors trompeurs d'une vertu affectée. L'apprehenfion qu'il avoit de fon neveu Germanicus, l'obligea d'abord à fe contenir. Les commencemens de fon régne ne refpirerent que la douceur & la moderation : dès qu'il voyoit entrer les Confuls, il fe levoit de fon Siége, pour leur faire honneur : il n'élevoit aux Charges que ceux qui s'étoient rendus recommandables par l'eftime qu'ils s'étoient acquife dans la Ville & dans les Armées. Des Gouverneurs de Province lui ayant confeillé d'augmenter les impôts, il leur

écrivit

écrivit, *qu'un bon Pasteur devoit tondre la laine de son troupeau & non pas l'écorcher.* Il refusa les titres superbes que le Senat voulut lui déferer. Il fit rétablir avec une magnificence vraiement Royale douze Villes de l'Asie qu'un tremblement de terre avoit abimées. Ayant été instruit par Pilate des miracles surprenans de Jesus-Christ, il proposa au Senat de le mettre au nombre des Dieux. La fin du Régne de Tibere répondit mal à de si heureux commencemens. Germanicus ayant été empoisonné, ce Prince se démasqua, & se montra dans tout son naturel ; il se précipita dans les actions les plus cruelles & les plus barbares : il empoisonna Drusus Cesar son propre fils, parce qu'il le soupçonna d'avoir porté ses pensées jusqu'à l'Empire. Il fit mourir Neron & Drusus ses petits-fils, & enfans de Germanicus. Un de ses Précepteurs qui avoit étudié avec soin ses penchans pendant son enfance avoit bien eu raison de l'appeller une bouë paîtrie avec du sang. Sa dissimulation rendoit sa cruauté encore plus dangereuse ; il témoignoit le plus d'amitié à ceux qu'il avoit resolu de faire périr, & il faisoit condamner à la mort par le Senat des personnes en même tems qu'il les faisoit manger à sa table. On fit des cri-

D

mes de Leze - majesté des plus petites
chofes, jufques-là qu'on dit qu'un homme fut mis en Juftice pour avoir battu
fon efclave qui avoit fur lui une piece
d'argent, où étoit gravée l'image de Tibere. Les fuggeftions de Sejan, Préfet du
Prétoire le porterent à remplir Rome de
meurtres, & à répandre le fang des principaux de l'Etat ; mais ce favori, auteur
& miniftre de tant de cruautez, fut lui-
même la victime de la colere du Prince qui le fit périr avec toute fa famille
par la main du bourreau. Tibere s'étant
retiré dans l'Ifle Caprée, il s'abandonna
à toutes fortes d'infâmes débauches qui
ont rendu cette Ifle fameufe. Pendant que
cet Empereur amoli par les délices, aban-
donnoit le foin des affaires de l'Empire,
les Parthes défolerent l'Armenie ; les Da-
ces firent une irruption fur la Mefie ; les
Sarmates ravagerent la Pannonie ; & les
Allemans firent toutes fortes de dégats
dans les Gaules. Enfin Tibere ufé plus
par fes débauches que par fes années,
mourut la 78. année de fon âge, & la
23. de fon Empire.

Tibere avoit été élevé dans l'étude
du Grec & du Latin, & y réuffit fi
bien, qu'il n'eut befoin du fecours de
Perfonne lorfqu'il s'agiffoit d'écrire, ou

de parler en public. Il obfervoit fi fcru-
puleufement de fe fervir des termes les
plus purs de la Langue Latine , qu'en
ayant mis un qui ne l'étoit pas dans un
Edit , après y avoir refléchi la nuit, il tint
le lendemain une affemblée pour examiner ce mot : il fouffrit même qu'on lui dit
qu'il pouvoit donner aux hommes le
droit de bourgeoifie & non aux mots.

Comme il ne fe preffoit pas de payer
une fomme d'argent qu'Augufte avoit
laiffée par teftament au Peuple Romain,
un bouffon s'approcha d'un corps mort
qu'on portoit , & lui dit à l'oreille de rap-
porter à Augufte qu'on n'avoit encore
rien payé de ce qu'il avoit ordonné. Cette plaifanterie vint jufqu'à Tibere qui s'en
picqua ; fit payer cet homme , & en même tems le fit exécuter , ajoutant qu'il n'a-
voit qu'à aller lui-même porter cette nouvelle à Augufte : enfuite il paya le Peuple. Il étoit fi fort entêté de fon fçavoir
qu'il ne pouvoit rien fouffrir de grand
dans les autres. Il fit chaffer de Rome un
Architecte qui avoit redreffé avec une
adreffe merveilleufe un grand bâtiment
qui penchoit. Ce pauvre infortuné étant
venu quelque tems après pour demander
fa grace, il laiffa tomber à deffein un vafe de terre qu'il tenoit ; le vafe fe caffa,

D ij

& l'Architecte ayant ramassé les morceaux & les ayant un peu maniés, les réünit si bien que le vase paroissoit entier & sans aucune fracture. Tibere au lieu d'estimer un si rare secret, fit mourir ce pauvre Architecte. Quelle récompense pour de si belles découvertes !

CAIUS CALIGULA.

CAïus, fils de Germanicus & d'Agrippine, succeda à Tibere dont on dit qu'il avança la mort en lui jettant un oreiller sur la bouche pour l'étouffer ; il fut surnommé *Caligula* à cause d'une espece de chaussure qu'il avoit coutume de porter dans le camp dès sa plus tendre jeunesse. Les commencemens de ce jeune Prince firent esperer qu'il ressembleroit à son pere Germanicus : mille vertus apparentes lui gagnerent d'abord tous les cœurs de ses sujets ; mais sa tyrannie surpassa bientôt celle de Tibere. Il sembla se dépoüiller de toute humanité pour être plus cruel que les bêtes les plus féroces ; il trempa ses mains dans le sang de ses plus proches. Les cris lamentables des criminels qu'on menoit à la torture étoient une musique délicieuse pour lui. Il obligeoit les peres d'assister au supplice de leurs enfans ; & quelqu'un s'étant excusé sur sa maladie , il lui envoya sa litiére. Rien ne montra plus sa haine contre les Romains que cette parole extravagante : *Plût à Dieu que le Peuple Romain n'eût qu'une tête.* Les femmes de ses favoris, que dis-je ? ses sœurs propres ne purent être à couvert de sa détestable lubricité. En fait d'ouvrages, il ne se plaisoit à entreprendre que ce qu'on lui disoit être impossible ; & ce fut à applanir des montagnes , à combler des vallées , & d'autres entreprifes extraordinaires qu'il consuma en moins d'un an les trésors immenses que Tibere lui avoit laissez en mourant. Ses profusions furent suivies, d'un affreux brigandage. In-justices, cruautez , bassesses, il mitt out en usage pour amasser de l'argent : il fit pé-rir beaucoup de personnes qui n'avoient commis d'autre crime que celui de se trou-ver riches , encore falloit-il être assez ri-che, ou du moins passer pour tel, pour mé-riter la mort : en voici un exemple. Un Préteur ayant été exécuté sous prétexte de quelque crime supposé , & ne s'étant pas trouvé aussi riche qu'on le pensoit , Caïus dit : *Il m'a trompé , il ne meritoit pas de mourir.* Enfin ce Prince extrava-gant & impie , usurpant les titres & les

honneurs de la Divinité, voulut qu'on lui
bâtit des Temples à Rome, & dans tout
l'Univers. Il paroiſſoit avec les ornemens
avec leſquels on a coutume de repreſenter
les Dieux de la fable. On le voyoit tantôt
comme Mars avec l'épée, le bouclier &
le caſque ; tantôt comme Mercure avec
un caducée à la main & des aîles aux
pieds. Il diſoit même qu'il étoit Jupiter ;
& veritablement il égaloit tous ces Dieux,
& même les ſurpaſſoit en toutes ſortes de
crimes : c'étoit ſans doute pour mieux repreſenter Jupiter qu'il ſe livra aux déteſta-
bles inceſtes dont j'ai déja parlé : non
content de cela, il paroiſſoit quelquefois
même ſous la figure des Déeſſes. Après
toutes ces extravagances, il ſe fit bâtir un
Temple dans ſon Palais : il fit mettre parmi ſes Prêtres ſon cheval nommé *Incitatus*,
dont je parlerai dans un moment ; & on
peut dire avec raiſon, que c'étoit le Pontife
de tous le plus reſpectable, & qui répondoit le mieux aux Sacrifices qui devoient
ſe faire pour honorer une ſemblable Divinité. Mais enfin le ciel & la terre ne pouvant plus ſouffrir un tel monſtre, Cherea
Tribun d'une des Compagnies des Gardes de ce Prince, délivra la terre de ce
nouveau Dieu, la quatriéme année de ſon
Regne, & la vingt-neuviéme de ſon âge.

Voici encore deux ou trois traits de ce Prince infenſé, qui font voir juſqu'à quel excès de folie & d'impieté peut aller un homme que Dieu abandonne à lui-même. Il appelloit la Lune quand elle étoit pleine, & il vouloit qu'on la crut ſa femme. Il ordonna qu'on apportât de Grece les Statuës les plus celebres par leur beauté, & par le culte qu'on leur rendoit, pour en ôter la tête & y faire mettre la ſienne.

Il aimoit ſi paſſionnément ſon cheval, dont j'ai déja parlé, qu'il l'invitoit à ſouper; il lui donnoit de l'orge doré, il lui preſentoit du vin dans des vaſes d'or; l'écurie étoit de marbre, l'auge d'ivoire, les couvertures de pourpre, &c. Caïus avoit même donné des meubles & des ſerviteurs pour recevoir ceux qui ſeroient priez à ſouper de la part du cheval. Il y en a qui croyent qu'il le fit Conſul; mais, quoiqu'il en ſoit, on ne doute nullement qu'il ne l'eût fait s'il eût vécu davantage.

CLAUDE.

CLaude oncle de Caligula lui ſucceda en l'Empire; c'étoit un Prince ſans vices, mais ſans eſprit: il voulut immortaliſer ſon nom par des ouvrages & des bâtimens publics. Le Mont Aventin devint un nouveau quartier de Rome par les maisons qu'il y fit bâtir. Il fit venir dans la ville par des aqueducs l'eau qui fut nommée *Claudia*. Le desséchement du lac Fucin, & la construction d'un Port à Rome, furent encore des monumens de sa magnificence. La conquête qu'il fit de la Grande Bretagne & des Isles Orcades ne lui coûta ni sang, ni bataille. Il fut si prodigue de ses faveurs envers ses amis, qu'il ne dédaigna pas lui-même d'accompagner les triomphes dont Aulus Plautius fut honoré pour la conquête de la Grande Bretagne ; mais il commit une action de la derniere stupidité, en appellant à la succession de l'Empire Neron son beau-fils, au préjudice de son propre fils Britannicus ; mais il porta bien-tôt la peine de sa faute, car Agrippine sa femme & mere de Neron l'empoisonna, de peur qu'il ne se repentit dans la suite de ce qu'il avoit fait. Il gouverna l'Empire quatorze ans, & mourut âgé de soixante-quatre ans.

La passion dominante d'Agrippine étoit l'ambition, elle sacrifioit tout pour s'élever. On raconte qu'un Astrologue lui ayant dit que son fils Neron regneroit, mais qu'il la feroit mourir : *N'importe*, dit-elle, *qu'il me tuë, pourvû qu'il regne.*

NERON.

NERON.

NEron fils de Cneïus Domitius, eut lui seul plus de vices que tous les Empereurs qui l'avoient précedé, & que tous ceux qui sont venus après lui. Jamais Prince ne commença mieux, & ne finit plus mal. Sa mere Agrippine, & Seneque qui avoient formé son enfance, suspendirent quelque tems son inclination pour le mal ; & tandis qu'il fut docile aux sages conseils de son Précepteur, on le regarda comme un très-bon Prince ; mais se lassant d'obéïr à un Précepteur & à une mere, il resolut de suivre son penchant : il n'y eut aucun genre de desordres & d'infamies ausquels il ne se prostituât. Il prit Caligula pour son modele ; mais il le surpassa bien-tôt, croyant qu'il étoit de la grandeur d'un Souverain de ne ceder à qui que ce fût, même dans les plus détestables excès. Se dépoüillant de la majesté d'Empereur, il couroit la nuit dans les ruës de Rome, avec peu de suite, déguisé en Esclave ; alloit boire dans les cabarets, & ensuite se divertissoit à battre, à voler, & même à tuer ceux qu'il rencontroit, étant quelquefois battu lui-même. Il s'oublioit jusqu'à monter souvent sur le théatre pour y faire le personnage de Comedien & de Joüeur

E

d'inftrumens. Il pouffa le luxe à fon dernier excès. Jamais il ne mettoit deux fois
le même habit. Il fe fervoit de filets d'or
pour pefcher. Jamais il ne marchoit qu'il
n'eût du moins mille chars à fa fuite. Il
faifoit ferrer fes mulets avec des plaques
d'or & d'argent. Son avidité infatiable
égala fon luxe & fes profufions ; rien ne
prouve mieux jufqu'où il la porta, que ces
paroles dignes du plus cruel de tous les
Tyrans : *Employons tous nos efforts pour ne
rien laiffer à perfonne.* On ne fçauroit
mieux exprimer quelle fut fa cruauté,
qu'en difant qu'elle a paffé en proverbe.
Il fit mourir Agrippine fa mere, Antonie
fa tante, Britannicus, & quelques autres
de fes proches. Il crut faire grace à Seneque, en lui donnant le choix du genre de
fa mort. Il tua lui-même d'un coup de
pied Poppée fa feconde femme. Il ôta encore la vie à Corbulon grand Capitaine,
pour le recompenfer des glorieufes victoires qu'il avoit remportées fur les Parthes & fur les Armeniens. Après un feftin
infâme arriva le celebre embrafement de
Rome, qui de 14 quartiers dont cette
Ville étoit compofée, en reduifit trois en
cendres , & ne laiffa de fept autres que
quelques reftes des maifons ; il y avoit
fait mettre le feu pour fe reprefenter au

naturel l'embrasement de la Ville de Troye. Pendant cet incendie, ce cruel Empereur monta sur une haute Tour, où il chanta des vers qu'il avoit composez sur l'embrasement de Troye. Il rejetta une action si détestable sur les Chrétiens, & leur fit souffrir les plus affreux supplices ; on revêtit les uns de peaux de bêtes sauvages, & ensuite on lâcha contre eux des chiens affamez ; on exposa les autres aux lions dans l'amphithéatre pour en être dévorez ; on attacha les autres à des poteaux, & on frotta leurs corps de graisse, & on y mit le feu ; de sorte qu'ils servoient de flambeau durant la nuit à ceux qui alloient par la Ville. Neron lui-même pendant cet horrible spectacle, conduisoit des chariots à la lueur de ces funestes flambeaux. M. l'Abbé Fleury dit, qu'on fit périr une grande multitude de Chrétiens, *comme convaincus, non de ce crime d'incendie, mais d'être odieux au genre humain.* Quoiqu'il en soit, cette cruelle persécution fut la premiere de celles que les Chrétiens ont enduré ; la méchanceté de l'Empereur fut plus que suffisante pour faire éclater leur innocence, & il sera toujours glorieux aux Chrétiens d'avoir eu un Neron pour persecuteur. La mort tragique de Simon le Ma-

gicien n'ayant servi qu'à irriter davantage l'Empereur, S. Pierre & S. Paul furent les innocentes victimes de sa fureur.
Peu de tems après les hommes, & le ciel
même étant laffez de la cruauté de ce
monftre, il fut lui-même fon propre bourreau ; & lorfque le Senat & le peuple Romain fe préparoient à en délivrer la terre,
il s'arracha une vie qui étoit devenuë
en exécration à tout l'univers, la 31e
année de fon âge, & la quatorziéme de
fon Empire. La nouvelle de fa mort fut
reçûë avec tant de joye, que le peuple fe
regardant comme affranchi par la mort du
Tyran, parut dans toutes les ruës avec le
chapeau de la liberté. (C'étoient des
chapeaux que portoient les Efclaves nouvellement affranchis.)

Ayant appris la refolution du Senat fur
fa mort, il refolut d'éviter cette ignominie;
il fit creufer une foffe de fa grandeur, fit
apporter de l'eau pour laver fon corps, &
du bois pour le bruler, &c. En faifant faire
tous ces préparatifs, il difoit fouvent: *Faut-
il qu'un fi bon Joüeur d'inftrumens périffe.*

GALBA.

LA famille des Cefars étant éteinte en
la perfonne de Neron, Galba de l'illuftre Maifon des Sulpices fut élevé fur le

trône. Tandis qu'il ne fut que particulier, il parut beaucoup au-deſſus de ſa condition ; & s'il n'eut jamais été Empereur, tout le monde eut cru qu'il eut merité de l'être. Il uſa ſi mal de l'autorité ſouveraine, qu'on n'entendit bien-tôt que des plaintes. Galba ſe perſuadant que l'on n'en vouloit qu'à ſa vieilleſſe, adopta Piſon pour faire ceſſer les révoltes. Mais Othon fut d'autant plus ſenſible à cette adoption, qu'il s'étoit perſuadé que l'Empereur ne manqueroit jamais de reconnoiſſance pour lui, qui n'avoit pas peu contribué à ſon élevation à l'Empire. Dans ſon deſeſpoir, il anime les troupes déja mécontantes du nouvel Empereur, qui par une épargne hors de ſaiſon, leur avoit refuſé les récompenſes qu'ils demandoient. Galba étant ſorti de ſon Palais pour appaiſer le tumulte, fut égorgé, & mourut percé de mille coups à l'âge de ſoixante-treize ans, le ſeptiéme mois de ſon Regne.

OTHON.

Othon plus recommandable par ſa mort que par ſa vie, étoit fils de Lucius Othon Chevalier Romain ; il avoit été en grande faveur auprès de Neron, à cauſe de la conformité de ſes mœurs avec celles de ce Prince. Ayant fait aſſaſſiner Galba, il lui ſucceda à l'Empire ; mais il ne joüit pas long-tems du droit de ſon crime, & le commencement & la fin de ſon Regne ſe ſuivirent de fort près. Les Legions d'Allemagne aïant élû Vitellius, ce dernier vint ſe faire reconnoître en Italie ; Othon lui livre la bataille, & la pert : il avoit pourtant encore aſſez de forces pour faire tête à l'ennemi ; mais quelque choſe que pûſſent lui dire ſes ſoldats, dont il étoit extrémement cheri, pour l'engager à haſarder une ſeconde bataille, il aima mieux mourir genereuſement que de répandre davantage le ſang de ſes Sujets. Après avoir dormi toute la nuit d'un profond ſommeil, il ſe paſſa ſon épée au travers du corps, la 38ᵉ année de ſon âge, & le troiſiéme mois de ſon Empire. Le Poëte Auſone a dit fort à propos, *qu'il n'avoit fait rien de grand que lorſqu'il étoit mort.*

AULUS VITELLIUS.

Vitellius naquit à Rome d'une famille peu connuë, & dont l'origine eſt fort incertaine. Selon Tacite, il étoit fils de L. Vitellius Cenſeur, trois fois

Conful, & le plus puiffant Senateur du tems de l'Empereur Claude. Ses vices lui avoient acquis les faveurs de Caïus & de Neron ; il avoit cinquante-fix ans lorfqu'il parvint à l'Empire. Son Regne fort court à la verité, ne fut qu'un tiffu de débauches & de cruautez ; auffi n'eftimoit-il que les actions de Neron, qu'il imita parfaitement. Il n'avoit d'autre Dieu que fon ventre, & toute fon occupation étoit de faire plu-fieurs repas par jour, & de vuider honteu-fement fon eftomac entre chaque repas pour fe mieux préparer au fuivant. Dans un feftin que lui fit fon frere, il y avoit deux mille poiffons tous exquis, & fept mille oifeaux, fans compter le refte. N'étant que fimple particulier, il fe fervoit d'un expedient très-court pour retenir le fruit de fes injuftices ; il faifoit des mé-chans procès à ceux de fes créanciers qui le preffoient le plus, & arrêtoit les pour-fuites des autres par fes menaces : mais étant Empereur il alla plus loin, il les con-traignit de lui rendre fes obligations, leur difant qu'ils étoient plus que payez de ce qu'il leur laiffoit la vie. Il devint en peu de tems fi infupportable à tout le monde, qu'il fut obligé de fe déguifer. Il prit un méchant habit, & alla fe cacher dans un lieu où les chiens étoient attachez ; en

E iiij

ayant été tiré par force, couvert de sang & de paille, on le traîna par la ruë Sacrée, la corde au col, les mains liées derriere le dos; on lui mit la pointe d'une épée sous le menton pour l'empêcher de baisser la tête: on brisa devant lui toutes ses Statuës, & le peuple en lui jettant de la bouë, le chargeoit d'injures & de maledictions. Le Boureau après avoir déchiré son corps à petits coups pour le faire souffrir plus long-tems, le traîna avec un croc dans le Tibre. Son Empire ne fut que de huit mois.

FLAVIUS VESPASIEN.

VEspasien ayant été envoyé par Neron en Judée pour pacifier les troubles de ce Royaume, se rendit bien-tôt maître de plusieurs villes, & de plusieurs autres Places fortes. L'Armée lui ayant déferé le titre d'Empereur après la mort de Neron, il refusa longtems cette suprême dignité; mais l'ayant enfin acceptée, il laissa le Commandement des Troupés, & le soin d'achever l'expedition de Judée à Tite son fils. Il partit pour Rome en diligence, & vint prendre possession de l'Empire auquel il avoit été appellé.

Sa naiſſance étoit des plus obſcures , mais il ne la diſſimuloit pas , & il fut le premier à ſe mocquer des lâches Flateurs qui avoient deſſein de lui dreſſer une grande Généalogie : Bien plus , il alloit tous les ans paſſer l'Eté dans ſa Maiſon de Campagne où il étoit né , & n'y voulut rien changer. La baſſeſſe de ſon extraction étoit infiniment relevée par l'éclat de la gloire qu'il avoit acquiſe par les armes. La Victoire l'avoit accompagné dans toutes ſes expéditions guérriérés , & il porta ſur le Trône un front couronné de mille Lauriers. Il avoit gagné plus de trente Batailles, ſoumis pluſieurs Peuples à l'Empire Romain , & triomphé de deux grands Royaumes. La ſeconde année de ſon Regne qui étoit la quarantiéme depuis la mort de Jeſus-Chriſt , Tite porta les derniers coups à la Nation Juive par la priſe de Jeruſalem. Cette grande Ville fut tout-à-coup aſſiegée dans le tems que la ſolemnité de Pâques avoit raſſemblé une multitude incroïable de Juifs. Jamais Siege ne fut ni plus opiniâtre, ni plus ſanglant. La faim extrême que ſouffrirent les Aſſiegez , les obligea de ſe nourrir de chair humaine , & l'on vit des meres, qui, oubliant les plus tendres ſentimens de la nature , égorgerent inhumainement leurs propres enfans pour conserver une miserable vie. Durant ce Siege funeste, les Romains faisoient pendre tous les jours plus de 500 Juifs de ceux qui tomboient entre leurs mains. Le nombre de ceux qu'ils firent perir de cette sorte étoit si grand qu'on ne trouvoit plus d'espace pour dresser les Croix, ni assez de croix pour ceux qu'on vouloit y attacher. Onze cens mille hommes périrent par la faim ou par le fer des ennemis. Après la prise de Jerusalem qui fut entierement razée, cent mille Juifs furent vendus à l'encan & amenez en servitude ; c'est ainsi que Dieu vangea la mort de son fils sur les enfans de ceux qui s'étoient soüillez d'un si énorme Parricide. Dans ce même tems l'Achaïe, la Thrace, & plusieurs autres Etats furent soumis à l'obéïssance des Romains, & réduits en Province. Vespasien ayant enfin pacifié tout l'Empire, ne parut pas moins grand dans la paix que dans la guerre. Il employa d'abord tous ses soins à raffermir la Republique, déja chancellante, & presque sur le penchant de sa ruine : Il remit l'ordre & la discipline parmi les soldats que le souvenir de leurs victoires rendoit fiers & insolens. Il élut des personnes irréprochables pour empêcher les longueurs des procé-

dures dans la Juftice , & ayant ôté les
Charges aux Sénateurs , & aux Che-
valiers qui s'en acquittoient mal , il en
pourvût ceux qu'il crût les plus capables pour les bien remplir ; & pour ôter
tout prétexte aux uns & aux autres , il leur
donna liberalement de quoi foûtenir leur
Charge. Pour remedier aux dépenfes ex-
ceffives des Jeunes gens , il ordonna que
les ufuriers qui leur prêteroient de l'argent perdroient leurs dettes : Pour faire
fleurir davantage les Sciences & les beaux
Arts , il recompenfa avec une efpece de
profufion ceux qui excelloient dans l'un
ou l'autre genre. Les Grands de l'Empire
& les Sçavans ne furent pas les feuls qui
eurent part à fes faveurs , le menu peuple reffentit encore des effets de fa ten-
dreffe , car il entreprit les plus fuperbes
Edifices , moins pour immortalifer fon
nom , que pour que la populace gagnât
fa vie. Il fit rebâtir le Capitole , & douze
ruës aufquelles Neron avoit fait mettre
le feu. Il commença l'Amphithéâtre dont
Augufte avoit formé le projet ; il employa des fommes immenfes pour faire
racommoder les Ports & les Chemins publics ; il rétablit plufieurs Villes confu-
mées par le feu , ou abimées par des trem-
blemens de terre , & fit enfin bâtir le fu-

perbe Temple de la Paix qu'il embellît
furtout des dépoüilles du Temple de Jerufalem. Si l'on joint à toutes ces dépenfes l'épuifement où fe trouvoit l'Etat lorfque Vefpafien monta fur le Trône, on
verra que c'eft fans raifon que la plûpart
des Hiftoriens l'ont accufé d'avarice ; on
pourroit au contraire l'appeller avec Eutrope le plus liberal des Empereurs,
comme il fut le plus affable. Son Palais
fut toûjours ouvert à tout le monde, même pendant fa derniere maladie. Il s'oc-
cupa jufqu'au dernier foupir du bien de
l'Etat, & fentant fes forces diminuer con-
fiderablement, il voulut qu'on l'élevât,
difant *qu'il falloit qu'un Empereur mou-
rût de bout :* s'efforçant en effet de fe le-
ver fur fon lit, il expira entre les bras de
fes amis & de fes proches la 69e année de
fon âge, & la 10e de fon Regne.

La ruine de Jerufalem eft fans contredit une des hiftoires les plus intereffantes
du premier fiécle de l'Eglife ; ainfi j'ai
crû qu'on feroit bien aife d'en avoir la
defcription un peu au long. J'ai ramaffé
pour cela quelques endroits détachez
de l'Hiftoire Ecclefiaftique de M. l'Abbé Fleury, qui, réunis enfemble, met-
tront devant les yeux non feulement le
fiége de Jerufalem, mais encore les pro-

diges qui l'ont précedé, & enfin les derniers coups qui ont été portez à la Nation
Juive après ce siége.

Quatre ans avant le commencement
de la guerre, les Juifs virent un terrible
préſage de la ruine de Jeruſalem : un
nommé Jeſus, homme du peuple & de la
campagne, vint à la Fête des Tabernacles
l'an 64. de Jeſus-Chriſt, lorſque Jeruſalem étoit dans une grande paix, &
commença tout d'un coup à crier dans le
Temple : voix de l'Orient, voix de l'Occident; voix des quatre vents, voix contre
Jeruſalem & contre le Temple ; voix contre les nouveaux mariez & les nouvelles
mariées ; voix contre tout ce peuple : il
crioit ainſi jour & nuit par toutes les ruës
de la ville. Quelques-uns des principaux
choquez de ce mauvais préſage, le prirent & lui donnerent pluſieurs coups, il
ne dit rien pour lui, ni en particulier,
contre ceux qui le maltraitoient ; mais il
continua de crier toujours comme auparavant: les Magiſtrats croïant qu'il y avoit
quelque choſe de divin, le menerent au
Gouverneur pour les Romains, qui le fit
foüetter & déchirer juſqu'aux os ; mais
il ne pria perſonne, ni ne pleura ; ſeulement à chaque coup il répondoit d'une
voix débile & lamentable : ah ! ah Jeru-

salem ! & continua toujours sa lamentation sur la Ville. On le laissa aller comme un insensé ; il continua cette vie pendant sept ans & cinq mois : on ne le vit
parler à personne , ni se plaindre de ceux
qui le maltraitoient tous les jours, ni re-
mercier ceux qui lui donnoient à manger :
son unique réponse à tout , étoit sa triste
lamentation. Il crioit principalement les
jours de Fête ; il ne se lassoit point de
crier, & sa voix n'en devint pas plus rau-
que. Quand la Ville fut assiegée , il marchoit autour des murailles en criant : Malheur à la Ville , au Temple & au Peuple.
Enfin il ajouta ; malheur à moi-même , &
à l'instant il fut tué d'un coup de pierre
lancé d'une machine.

Une infinité d'autres prodiges préce-
derent la guerre de Jerusalem. Le 8.
Avril 65. de Jesus-Christ il parut autour
de l'Autel & du Temple, à neuf heures
de nuit , une telle lumiere , qu'il sembloit
qu'il fut grand jour ; ce qui dura une de-
mie heure. A la Fête des Azymes , une
Vache que l'on menoit pour être immo-
lée , fit un Agneau au milieu du Temple,
la Porte orientale du Temple qui étoit
d'airain , & si pesante que 20. hommes
avoient peine à la fermer , se trouva ou-
verte d'elle-même à six heures de nuit.

Peu de jours après la Fête , on vit par tout le païs des chariots & des troupes armées en l'air , traverſer les ruës & environner la Ville.

Pendant le ſiége de Jeruſalem , qui commença le 14. d'Avril , Tite faiſoit crucifier ſans diſtinction tous ceux qui étoient pris les armes à la main : on en crucifioit juſqu'à 500. par jour , & quelquefois plus , en ſorte que l'on manquoit de croix & de place pour les dreſſer : les ſoldats par moquerie les cloüoient en differentes poſtures ; mais rien ne pouvoit effrayer ni adoucir les ſéditieux aſſiégez. Pour les affamer Tite réſolut de les enfermer entierement , & fit bâtir par ſes troupes tout autour de la Ville , une muraille de deux lieuës de circuit & ſoutenuë de treize petits Forts , où l'on faiſoit garde nuit & jour; ce grand ouvrage fut achevé en trois jours. Tite avoit auparavant tenté toutes les voyes de la douceur, & avoit fait parler aux Juifs par Joſeph l'Hiſtorien ; mais inutilement. On voyoit donc dans les Places , des jeunes gens enflez ſe traîner comme des phantômes , puis tomber tout d'un coup. Comme ils ne pouvoient ſuffire à enterrer les morts, ils les jettoient de la muraille dans les précipices. Tite les voïant remplis de ces cadavres, & frappé de l'odeur qui en sortoit, soûpira, & levant les mains prit Dieu à témoin que ce n'étoit pas son ouvrage; & pour finir ces miseres, il fit continuer les travaux. Quelques-uns du peuple passoient toujours aux Romains pour éviter la famine. Un de ces transfuges fut surpris par des Syriens comme il ramassoit des pieces d'or dans ses excrémens; car il y avoit une grande quantité d'or dans la ville, & ils l'avoient avalé pour le dérober aux recherches exactes des séditieux (Jean & Simon en étoient les chefs.) Le bruit se répandit dans le Camp que ces transfuges étoient pleins d'or; en une nuit on en trouva deux mille éventrez. Tite déclara qu'il puniroit de mort celui qui seroit convainu de cette barbarie; mais on en éventra encore plusieurs.... La famine étoit si grande qu'ils ne laisserent ni les cuirs de leurs souliers, pas même ce qui ne seroit pas à l'usage des bêtes les plus sales. Une femme nommée Marie pressée de la faim, & du désespoir de ce que les séditieux lui avoient tout pris jusqu'à la nourriture qu'elle pouvoit trouver de jour en jour, elle prit son enfant qu'elle nourrissoit de son lait, & le regardant avec des yeux égarez, elle dit : Malheureux enfant à qui est-ce que je te garde ?

Est-ce

Est-ce pour mourir de faim , ou pour devenir esclave des Romains , ou pour tomber entre les mains de ces séditieux encore pires ? elle le tuë , le rotit , en mange la moitié & cache le reste. Aussi-tôt les séditieux accoururent attirez par l'odeur de la viande : je vous en ai gardé, dit cette femme , une bonne part , & leur découvrit ce qui restoit de son enfant. Vous pouvez, dit-elle, en manger, vous n'êtes pas plus délicats qu'une femme, ni plus tendres qu'une mere. Les séditieux sortirent en tremblant , chacun en eut horreur, & envia la condition de ceux qui étoient morts avant que de voir un tel désastre. Ainsi fut accomplie la menace que Dieu avoit faite par Moïse à tout son peuple en général , & la Prophétie particuliere de J. C. aux femmes de Jerusalem , qu'un jour viendroit où l'on estimeroit heureux les ventres stériles , & les mamelles qui n'auroient point allaité.

Ce second Temple fut brûlé le même jour du même mois que le premier avoit été brûlé par Nabuchodonosor. Entre le peuple qui périt dans le Temple , il y avoit six mille personnes, hommes , femmes , enfans. Tite , irrité de l'insolence des séditieux, fit brûler toute la Ville basse, & attaqua la Ville haute où les Romains entrerent par la brêche le 8. Septembre jour du Sabath, l'an 70. de J. C. Tite acheva de faire abbattre ce qui restoit du Temple & de la Ville, & y fit passer la Charruë. On compte jusqu'à onze cens mille Juifs morts en ce Siege, & quatre-vingt dix-sept mille vendus ; mais à peine vouloit-on les acheter. Tite refusa des Couronnes que les Nations voisines lui offroient pour honorer sa victoire ; mais il dit que ce n'étoit point son ouvrage, & qu'il n'avoit fait que prêter ses mains à la vengeance de Dieu irrité contre les Juifs. Le nombre des Juifs qui périrent pendant cette guerre en diverses occasions, compris les onze cens mille du Siege, monte à treize cens trente - sept mille quatre cens quatre-vingt-dix, sans ceux que l'on n'a pas compté.

Enfin la derniere ruine de Jerusalem par l'Empereur Adrien, arriva l'an 134. de Jesus-Christ ; il y eut cinquante forteresses considerables, & neuf cens quatre-vingt-cinq bourgades les plus renommées qui furent détruites. Il y eut cinq cens quatre-vingt mille hommes de tuez dans les combats & les courses, sans ceux qui perirent par le feu, le fer & les maladies. Grand nombre furent vendus, & ceux que l'on ne pût vendre furent transfportez en Égypte. Ainſi la Judée fut réduite en ſolitude. Depuis ce tems-là il fut défendu aux Juifs d'entrer à Jeruſalem , ni même de la regarder de loin. La Ville habitée déſormais par des Gentils n'eut plus d'autre nom qu'Ælia du nom d'Ælius Adrien. Sur la Porte qui regardoit Béthléem on mit un Pourceau de Marbre , l'animal eſtimé le plus immonde par les Juifs , & que les Romains portoient dans leurs Enſeignes ; & comme les Chrétiens n'étoient pas moins odieux que les Juifs, Adrien fit dreſſer une Idole de Jupiter au lieu de la Réſurrection de J. C. une Venus de marbre au Calvaire ſur la Roche de la Croix. A Bethéem il fit planter un bois en l'honneur d'Adonis , & lui dédia la Caverne où J. C. étoit né ; & toute-fois ce lieu demeura connu & célébre. On montroit la Caverne & la Crêche , & les Payens mêmes ſçavoient qu'en cette Grotte étoit né Jeſus que les Chrétiens adoroient.

T I T E.

Tite , (dont nous avons déja parlé) fils & ſucceſſeur de Veſpaſien , parut dans ſa jeuneſſe ſi cruel & ſi débauché , qu'on ne doutoit pas qu'il ne fût un jour semblable à Néron ; mais il se corrigea si bien, qu'il devint un des meilleurs Princes dont l'histoire nous ait conservé la mémoire. Eutrope fait son éloge en trois mots : Il étoit, dit cet Historien, éloquent, vaillant , moderé. Il acheva l'Amphithéatre que son pere avoit commencé , & il accompagna la dédicace de ce fameux Edifice , de grandes largesses qu'il fit au peuple ; car pendant cent jours que dura cette fête , il donna régulierement cent mille écûs chaque jour. Ses manieres gracieuses & obligeantes, & l'inclination naturelle qui le portoit à faire du bien , lui gagnerent merveilleusement tous les cœurs. Il ne refusa jamais rien de ce qu'il pouvoit accorder sans blesser la Justice, & il avoit accoutumé de dire que *personne ne devoit sortir mécontent d'auprés du Prince.* Estant un soir à table , & se souvenant que ce jour-là n'avoit été marqué d'aucun Bienfait , il se tourna vers ses Confidens , & leur dit d'un air affligé : *ah ! mes amis , voilà un jour que j'ai perdû,* tant il étoit persuadé qu'un Prince n'est au monde que pour faire du bien ; aussi ses qualitez aimables le faisoient tellement cherir des Grands & des petits, qu'on l'appelloit communément *les délices du genre humain.* Mais plus la possession d'un si grand bien fut courte, plus les hommes en estimerent le prix. Ce Prince mourut la 3ᵉ année de son Regne, âgé d'environ 42 ans ; & jamais mort ne fut accompagnée de regrets plus sinceres, ni de larmes plus véritables.

DOMITIEN.

DOmitien frere de Titus , fut un Prince en qui les vertus & les vices firent un contraste fort bizarre ; mais à la fin les vices prenant le dessus , il fut bien plus semblable à Neron qu'à Titus, ce qui fit que ses cheveux lui ayant tombé , on l'appella par dérision *Neron le Chauve.* Dans les commencemens de son Regne , oubliant presque qu'il étoit Empereur, il avoit tous les jours certaines heures pendant lesquelles il s'occupoit à prendre des Mouches qu'il perçoit ensuite avec un poinçon. On rapporte à ce sujet qu'un homme ayant demandé un jour s'il n'y avoit personne avec l'Empereur, Vibius-Crispus célébre par son esprit & son éloquence , répondit : *Il n'y a pas même une mouche.* L'émulation que lui donnerent les grandes qualitez de son frere , l'excita

à gagner les cœurs du Peuple par des ma-
nieres douces & populaires, & à témoi-
gner un zéle ardent pour la Justice. Il
donna de fréquens Spectacles avec une
dépense & une somptuosité incroyable :
mais pendant que ce Prince ne s'occupoit que des jeux & des spectacles, les
affaires de la guerre n'en alloient pas
mieux. Il est vrai qu'il triompha des Da-
ces & des Captes, mais ces deux triomphes couterent bien du sang. Il sçut si
bien contenir dans le devoir les Magistrats de la Ville & les Gouverneurs des
Provinces, qu'on ne vit jamais parmi eux
tant de modération & de justice. Il empêcha les calomnies, en établissant des
peines très-séveres contre les calomnia-
teurs, & il avoit accoutumé de dire que
*le Prince qui ne punissoit pas les délateurs,
ne faisoit que leur inspirer plus de hardiesse.*
Il chassa du Sénat un Sénateur qui témoignoit pour la danse une passion indigne de la gravité de cet illustre Corps.
De tous les Sçavans il ne chérit que Martial, parce que ce Poëte flata plus que
personne sa vanité, qui fut si grande, que
ce Prince oubliant sa condition mortelle,
fut le premier des Empereurs qui usurpa
le titre superbe de Seigneur & de Dieu,
lui que tant de crimes rendoient indigne

même de la qualité d'homme. Son arrogance s'étant tournée en rage & en fureur, il sacrifia plusieurs personnes de la premiere condition à sa cruauté pour des causes très-légeres , & il fut un des plus cruels persécuteurs de la Religion Chrétienne ; mais Dieu vangea la mort de ses Serviteurs en faisant périr Domitien de la main même de ses domestiques. Il fut tué la 15.e année de son Regne , étant âgé de près de 45 ans ; & ce miserable Empereur qui avoit osé prétendre aux honneurs de la Divinité , fut privé de ceux même qu'on rend aux autres hommes après leur mort.

COCCEIUS NERVA.

Nerva issu d'une famille Consulaire , reçut l'Empire des mains des meurtriers de Domitien. Son grand âge l'empêcha d'avoir l'autorité nécessaire sur les Soldats ; mais du reste sa bonté rendit son Regne doux & aimable. Il cassa les actes de son prédécesseur , & dans un tems où la nécessité des affaires exigeoit beaucoup de choses, il fit rentrer dans leurs biens ceux qui en avoient été dépoüillez injustement , & fit même vendre ce qu'il crut avoir de superflu pour n'être pas à charge

à ſes peuples. Il gouverna l'Empire avec
tant d'équité, qu'il diſoit hautement que
ſi on venoit à le lui ôter, il n'auroit rien
à craindre dans une condition privée.
L'action la plus mémorable de ſon Regne
fut le choix qu'il fit de Trajan pour lui
ſucceder à l'Empire; car le merite extraordinaire de ce grand homme fut le ſeul motif qui le lui fit préferer à ſes proches. Ayant
vécu trois mois avec ce nouveau Céſar,
il mourut la ſeconde année de ſon Regne,
& la 66 de ſon âge.

TRAJAN.

Trajan, Eſpagnol de Nation, gouverna l'Empire avec tant de ſageſſe
& de gloire, qu'on le met preſque au-deſſus de tous les autres Empereurs Romains.
Maître des mouvemens de ſa colere, il ne
fût jamais vaincu par cette dangereuſe
paſſion. Il ſçut faire un mêlange ſi heureux de la ſéverité & de la douceur, qu'il
gagnoit les cœurs de ſes ſoldats en leur
faiſant obſerver toutes les loix de la diſcipline militaire : auſſi traitoit-il les gens
de guerre avec une bonté de pere. Si le
linge manquoit pour bander leurs playes,
il ſe dépoüilloit de ſa propre chemiſe. Il
ſortit

soumit neuf Royaumes à l'Empire Romain, & l'on croit qu'il auroit porté ses armes & ses conquêtes plus loin qu'Alexandre s'il avoit commencé à l'âge de ce Heros. Ses vertus guerrieres quelques éclatantes qu'elles fussent , étoient bien au-dessous de ses vertus civiles ; son affabilité , sa moderation & sa liberalité qui le distinguerent de tous les autres Princes , le firent surnommer le meilleur des Empereurs ; sa bonté a même passé en proverbe , en sorte qu'on a souhaité dans la suite aux plus grands Princes le bonheur d'Auguste & la bonté de Trajan. Il avoit pour maxime, qu'il falloit que ses Citoyens le trouvassent tel, qu'il eut voulu trouver l'Empereur, s'il avoit été lui-même simple Citoyen. Heureux que l'ivrognerie & ses infames amours, vices si déplorables dans un si grand Prince, ne lui ayent rien fait entreprendre contre la justice. Comme il se préparoit à faire la guerre contre les Parthes qui venoient de chasser le Roy qu'il leur avoit donné, il tomba malade & mourut à Selinunte en Cilicie, après un Regne de vingt-quatre ans, la soixante-quatriéme année de son âge. Ce fut le seul Empereur auquel on défera l'honneur du triomphe après sa mort, & à qui on accorda une sepulture dans les murs de la ville. Ses

G

cendres furent mises dans une Urne d'or pour être transferées à Rome, où elles furent reçûës avec tout l'appareil du triomphe, & mis dans la place Trajane au-dessous d'une colomne haute de cent quarante pieds.

Il y eut une très-violente persecution contre les Chrétiens sous l'Empire de Trajan. Il est vrai que cet Empereur ne fit aucun nouvel Edit contre la Religion chrétienne, mais il contribua beaucoup aux cruautez que l'on exerça contre les Chrétiens. Le desir que ce Prince avoit de s'acquerir l'estime & l'affection des Payens, jointe à l'aversion qu'il avoit pour les Chrétiens, suffisoit pour exciter contre eux les Peuples & les Magistrats.

ÆLIUS HADRIEN (OU ADRIEN.)

HAdrien allié & compatriote de Trajan, fut un Prince également né pour le vice & pour la vertu ; aussi son Regne fut-il mêlé de bien & de mal. Sçavant dans les Belles Lettres, & surtout fort versé dans les Mathematiques, il fit fleurir partout les sciences & les beaux arts. Il parcourut à pied toutes les Provinces de son Empire, & ne passa dans aucune sans y faire du bien. Il maintint avec vigueur la discipline militaire, vécut lui-même militairement & avec beaucoup de frugalité. Les Barbares furent tenus en crainte par ses armes & par son autorité. Il rebâtit Jerusalem qu'il nomma *Ælia* de son nom, mais il en bannit les Juifs toujours rebelles à l'Empire. Les opiniâtres trouverent en lui un impitoyable vengeur ; il deshonnora par ses cruautez, & par ses amours monstreuses un Regne si éclatant. Son infâme Antinoüs, dont il fit un Dieu, couvre de honte toute sa vie. L'Empereur sembla pourtant réparer ses fautes, & rétablir sa gloire effacée en adoptant Antonin le Pieux. Etant affligé d'une longue & fâcheuse maladie, il éprouva combien il est dur de ne pouvoir mourir quand on souhaite la mort. Etant enfin arrivé à ce terme si desiré, il prononça en mourant ce vieux proverbe des Grecs : *Le grand nombre des Medecins a tué le Roy.* Il mourut âgé de soixante-trois ans, & la vingt-deuxiéme de son Regne.

Quoique ce Prince ne fit aucun Edit contre notre Religion, il y eut pourtant sous son Empire une persecution très-violente.

MARC ANTONIN LE PIEUX.

MArc Antonin gouverna l'Empire avec tant de sagesse, que ses grandes vertus lui confirmerent le surnom de *Pieux*, qu'il avoit déja merité par son tendre & respectueux attachement pour Hadrien. Son attention & son zele à procurer la tranquilité de l'Empire, le fit regarder comme un second Numa. Il aima mieux appliquer tous ses soins à faire refleurir la paix, qu'à étendre les Frontieres de ses Etats par la guerre, & il cherchoit beaucoup plus à attirer le respect des Rois alliez qu'à s'en faire craindre. Il n'admettoit aux Charges publiques que des personnes recommandables par leur équité : severe aux méchans sans leur être cruel. Il combla d'honneur les gens de bien, & la réputation de sa justice penetra jusqu'aux extrémitez du monde ; en sorte que les Nations les plus reculées poserent souvent les armes, & le choisirent pour arbitre & médiateur de leurs differens. On rapporte de lui ces belles paroles qui sont bien dignes d'un Empereur : *J'aime mieux sauver un seul Citoyen que de tuer mille ennemis.* Saint Justin lui ayant preſenté une apologie en faveur des Chrétiens, ce Prince fut ſi frappé de ſes raiſons, qu'il ordonna que celui qui accuſeroit un homme en Juſtice, ſeulement pour être Chrétien, ſeroit puni à la place de l'accuſé. Cependant la Religion Chrétienne ne pût être à couvert ſous le Regne d'un ſi bon Prince, des attentats & des artifices des méchans. Pluſieurs perſonnes de l'un & de l'autre ſexe remporterent la Palme du Martyre. Ce grand Prince mourut la 75e année de ſon âge & la 23e de ſon Regne.

MARC-AURELE.

MArc-Aurele ſurnommé le Philoſophe ſucceda à Marc-Antonin. La joye ni la triſteſſe ne cauſerent jamais la moindre alteration ſur ſon viſage ; & ſon élevation à l'Empire ne lui inſpira aucun mouvement d'orgueil & de vanité. Il aſſocia à l'Empire Lucius Verus ſon frere d'adoption, Prince mol & fort débauché; & l'on vit pour la premiere fois deux Empereurs dans Rome. Ces deux Princes quoique d'humeur fort differente, vécurent cependant dans une parfaite intelligence, & s'unirent de forces & d'interêts pour l'expedition des Parthes qu'ils acheverent avec beaucoup de succès. Lucius après avoir triomphé de ces peuples, mourut subitement d'apopléxie la 9e année de son Regne. Marc-Aurele après la mort de son Collegue réduisit par la force plusieurs Nations barbares, & termina heureusement la guerre contre les Marcomans ; mais ce fut à la pieté d'une Legion Chrétienne qu'il fut redevable de sa victoire & de son triomphe ; car les armées Romaines étant prêtes de perir par la disette d'eau, les Chrétiens se mirent en prieres, & le Ciel s'étant aussi-tôt couvert de nuages, il tomba une grosse pluïe ; d'abord les Romains levoient la tête & la recevoient dans la bouche, tant la soif les pressoit, puis ils burent abondamment, & abreuverent leurs chevaux ; & comme les Barbares les attaquerent en même tems, ils buvoient en combattant, & il y eut des blessez qui burent leur sang mêlé avec l'eau. Cependant la grêle & les éclats de foudre faisoient un fracas horrible parmi les ennemis. L'eau & le feu sembloient tomber du Ciel au même endroit, mais le feu ne touchoit point les Romains, ou s'éteignoit aussi-tôt, la pluye au contraire bruloit les barbares comme de l'huile. Plusieurs des barbares passoient du côté des Romains, voyant que l'eau n'étoit salutaire que pour eux. Les revenus de l'Epargne étant épuisez par cette guerre, Aurele plûtôt que de charger ses peuples fit vendre tous les meubles & tous les joyaux de la Couronne, qu'il racheta dans la suite de \l'argent qu'il fit des dépoüilles des ennemis. Il mourut la 59e année de son âge, après 19 ans de Regne, tout couvert de la gloire que ses belles actions, sa modération & sa sagesse lui avoient méritées. Rien n'auroit manqué à son bonheur, s'il eut lui-même manqué d'enfans. Le Poëte Ausone a dit fort ingenieusement de cet Empereur, qu'il n'avoit fait du mal à sa Patrie, que par le fils qu'il avoit eû.

La Religion Chrétienne souffrit une violente persécution sous cet Empereur. Elle a pû venir en partie des Philosophes trop puissans sous un Prince qui s'appliquoit tout entier aux régles & aux morales de la Philosophie. Au moins est-il certain que Crescent Philosophe Cynique déchiroit les Chrétiens par les plus atroces calomnies : Nous avons déja vû (en parlant des Justin) que ce Philosophe n'ayant pû souffrir que S. Justin l'eût convaincu d'être un ignorant & un calomniateur, il immola ce grand Saint à sa jalouse fureur.

COMMODE.

AU meilleur de tous les peres succeda le plus méchant de tous les fils.
Commode ayant pris les rênes de l'Empire dans un âge encore tendre, se laissa
entierement corrompre par les flateurs ;
de sorte que sans avoir aucune des qualitez de Marc-Aurele, il eut presque tous
les vices de Neron. Quoique son extrême
cruauté & ses infâmes débauches eussent
fait revivre les tems malheureux de Domitien & de Caligula, il voulut cependant que son Regne fut appellé le Siecle
d'or. Les Palmes fréquentes qu'il remporta dans les combats des Gladiateurs,
étoient quelque chose pour lui de plus
grand que les triomphes les plus honora-
bles & les plus glorieux. Il étoit si adroit
à lancer le Javelot & à tirer de l'Arc,
qu'il tuoit quelquefois en un seul jour cent
bêtes sauvages. Il lançoit ensuite les Jave-
lots & les fléches sur le peuple pour cou-
ronner un si beau spectacle. Fier de sem-
blables exploits, il ajouta au grand nombre de titres magnifiques qu'il s'étoit déja
donnez, celui d'invincible & d'Hercule
Romain. Ce Monstre plus féroce que tou-

tes les bêtes qu'il avoit fait périr , fut empoisonné par sa Maitresse Marcia , & ensuite étranglé par un Athlete nommé Narcisse, la 13e année de son Regne , & la 32e de son âge.

ÆLIUS PERTINAX.

PErtinax ne fut ainsi nommé qu'à cause du refus opiniâtre qu'il fit de la pourpre. Sa naissance étoit des plus obscures , mais sa vertu , & la gloire qu'il s'étoit acquise dans les armes , le rendirent digne du Trône. Les meurtriers de Commode le choisirent comme le plus digne de commander à l'Univers , & leur choix fut généralement approuvé de tout le monde. Le Sénat le confirma avec des grands applaudissemens, & avec beaucoup de joye. L'estime qu'on avoit pour le nouvel Empereur ne le rendit ni plus orgueilleux , ni plus fier. Les sentimens modestes avec lesquels il avoit accepté l'Empire , l'accompagnerent jusques sur le Trône. Il ne voulut point permettre que sa femme prit le titre d'Auguste , ni son fils celui de César. Son zéle pour la justice lui ayant fait entreprendre de guérir tout d'un coup les maux de la République qui deman-

doient beaucoup de tems & de ménage-
mens, lui attira la haine de plusieurs. Le
Jurisconsulte Julien le fit assassiner la 67ᵉ
année de son âge, & la 3ᵉ de son Regne.

JULIEN DIDIUS.

L'Empire ayant été mis à l'encan par
les soldats de l'armée Romaine, Julien qui venoit de faire massacrer Pertinax,
fut assez hardi pour l'acheter, mais il lui
en coûta non seulement tout son bien,
mais encore sa vie. Le Sénat plein de mépris pour un tel Empereur, le dépoüilla
de l'autorité souveraine, pour en revêtir
Septimius Severe, par les ordres duquel
on le fit mourir. Ainsi Julien perdit mal-
heureusement un Empire qu'il avoit acquis par des mauvais moyens, & il ne remporta point d'autre fruit de son usurpation
que de mourir infâme ; au lieu de joüir
paisiblement comme il auroit pû faire de
l'honneur & de l'avantage que la réputation de son esprit & de sa capacité lui
avoient mérité. Il mourut dans sa 61ᵉ année, & le 66ᵉ jour de son Regne.

SEPTIMIUS SEVERE.

SEvere Affricain de Nation , & très-grand Capitaine , se saisit de l'Empire sous prétexte de venger la mort de Pertinax. Niger & Albin ayant été à même tems déclarez Empereurs , Severe marcha contr'eux , les défit , & les tua l'un & l'autre à la tête de leur armée. Il porta ensuite ses armes dans le fond de l'Arabie , & vainquit ces peuples avec quelques-autres Nations barbares. Après cette expédition il passa dans la Grande-Bretagne afin de faire rentrer cette Isle dans le devoir ; mais une incommodité qui lui survint aux pieds ayant suspendu pour quelque tems le cours de la guerre , l'armée impatiente déclara César son fils Bassien. L'Empereur sans s'étonner de cette nouvelle , ordonne aussi-tôt au nouveau César , aux Tribuns & aux Centurions de comparoître. Ils obéissent , & frappez tout-à-coup de l'éclat majestueux qui sortoit de son visage , ils se jettent à ses pieds pour lui demander pardon : *Comprenez*, leur dit alors Severe , *que c'est la tête qui commande , & non les pieds.* Après avoir reconquis l'Angleterre , il se préparoit à retourner à Rome pour y joüir en paix du fruit de ses glorieux travaux, lorsqu'il sentit approcher sa derniere heure. On dit que plein de mépris pour les grandeurs humaines, dont il avoit éprouvé la vanité, il s'écria : *J'ai tout été, & cela ne me sert plus de rien*. On dit aussi qu'il se fit apporter l'Urne où on devoit mettre ses cendres, & qu'il dit en la voyant : *Tu renfermeras celui pour qui toute la Terre sembloit trop petite*. Ce vaillant Prince, que plusieurs ont dit avoir été le plus belliqueux des Empereurs Romains, mourut à York en Angleterre la 18e année de son Regne, & la 66e de son âge, laissant après lui une réputation sur laquelle les sentimens furent fort partagez ; car si d'un côté il se rendit illustre par la gloire de ses armes, il en ternit aussi l'éclat par le meurtre de plusieurs Grands Personnages. Ce mélange bizarre de bonnes & de mauvaises qualitez, a fait dire communément de lui, que Severe ne devoit jamais naître, ou qu'il ne devoit jamais mourir.

Il y eût une cruelle persécution contre les Chrétiens sous cet Empereur.

ANTONIN CARACALLA.

Caracalla, fils de Severe gouverna quelque tems l'Empire avec son frere Gete, jeune homme de grande espérance. Les vertus naissantes de cet Empereur donnerent tant de jalousie à Caracalla qu'il résolut de s'en défaire, & pour ne pas manquer son coup, il tua lui-même ce frere aimable entre les bras de Julie leur commune mere. Il fit ensuite mourir tous les Senateurs qu'il crût être amis de Gete. Grand admirateur d'Alexandre, il n'avoit de ce héros que la coutume de pancher comme lui la tête sur l'épaule gauche. S'étant retiré dans Alexandrie sous prétexte d'honorer les cendres de celui qui l'avoit fondée, il fit un étrange massacre des habitans de cette ville qui l'avoient picqué par de grandes railleries qu'ils avoient fait de lui, principalement sur la mort de Gete. Estant allé chez les Parthes pour épouser la fille de leur Roi, ce Prince pour faire plus d'honneur à celui qui sembloit vouloir être son gendre, vint au devant de lui avec les plus considerables de sa Cour & de son Royaume; mais le perfide Caracalla s'étant apperçu qu'ils étoient fans armes, les fit auffi-tôt charger, & le Roi auroit infailliblement péri comme les autres, s'il ne fe fut promptement jetté fur un cheval. Un Empereur de ce caractére ne devoit pas attendre qu'on eût quelque fidelité pour lui, puifqu'il n'en avoit eû lui-même pour perfonne : En effet comme il fe préparoit à de nouveaux meurtres, il fut égorgé par fes domeftiques la 6e année de fon Regne & la 29e de fon âge.

MACRIN.

Macrin, fils d'un Affranchi, & principal auteur de la mort de Caracalla, fut choifi de toute l'armée pour fucceder à cet Empereur. Il ne penfa dabord qu'à appaifer Ardebanne Roi des Parthes juftement irrité de la perfidie de Caracalla. Il en vint à bout à force d'argent, & fe retira enfuite dans Antioche pour y donner aux plaifirs les plus infâmes le tems que lui demandoit le bien de l'Empire. Il ne joüit pas long-tems du funefte repos qu'il cherchoit ; car Heliogabale qui fe vantoit d'être fils de Caracalla prétendit à l'Empire. Ayant été élû, Macrin fe réveilla du profond affoupiffe-

ment où il étoit. Il comprit bien qu'il falloit enfin fortir d'Antioche , & hazarder
une bataille. Il la perdit & fut tué avec
fon fils Diadumene , à l'âge de 54 ans ,
après avoir regné un peu plus d'une
année.

HELIOGABALE.

HEliogabale Syrien de nation, étoit
Prêtre du Soleil, lorfqu'il parvint à
l'Empire. Ce Prince le plus corrompu de
tous les hommes , fe rendit bien-tôt par
fes infamies le monftre & l'horreur du
genre humain. Vrai Sardanapale , on le
voyoit fouvent en habit de femme, affect-
tant toutes les manieres,& tous les défauts
de ce fexe. Aux impudicitez les plus
énormes , il joignit une cruauté fans exemple ; car ayant fait transporter dans Rome
le Dieu de fon païs , il lui facrifioit tous
les jours les plus beaux enfans d'Italie.
Ses profufions & fon luxe furpafferent en
quelque forte tous fes autres défauts. Tous
les meubles de fon Palais étoient d'or &
d'argent. Ses habits & fes fouliers étoient
tout couverts de pierreries , quoiqu'il ne
portât jamais deux fois les mêmes. On
parfumoit toutes les eaux où il fe baignoit.

Il faisoit quelque fois remplir de vin des fossez très-larges & très-profonds pour y voir combattre des Vaisseaux. Ses Lions, & ses Cheveaux étoient nourris de Faisans, de Perroquets, & de meilleurs raisins de l'Asie. On vit quelquesfois sur sa table jusqu'à six-vingt têtes d'Autruches dont il trouvoit la cervelle bonne. Il se faisoit souvent servir selon l'ordre de l'Alphabet, en sorte que le premier service étoit d'animaux dont le nom commençoit par A. le second par B. & ainsi du reste jusqu'à la derniere lettre. On ne lui apprêtoit jamais du poisson quand il étoit proche de la mer ; jamais autre chose quand il en étoit fort éloigné. Il étoit difficile que les Romains souffrissent plus long-tems un Empereur qui deshonoroit si fort le Trône des Césars. Il fut massacré par les soldats. Son corps ayent été traîné quelque tems dans les lieux les-plus sales de la Ville, fut ensuite jetté dans le Tibre. Il regna trois ans & quelques mois, & il vécut 18.

ALEXANDRE

ALEXANDRE SEVERE.

APrès la mort d'Heliogabale , Alexandre son cousin , & fils de Mamée parvint à l'Empire. On le regarda malgré sa jeunesse , comme le seul capable de raffermir la Republique déja fort ébranlée par la mauvaise conduite du dernier Empereur. On ne se trompa point , & ce jeune Prince surpassa en quelque sorte l'attente de tout le monde. Il posseda toutes les vertus qui pouvoient le rendre aimable à ses sujets , & l'égaler aux meilleurs Princes. Egalement grand dans la paix & dans la guerre, la gloire & le bonheur de son Regne firent oublier presque les malheureux tems de son Prédécesseur. Irréconciliable ennemi de tous les vices, sa sévérité à les réprimer lui fit donner le surnom de Severe. Il ne pensa d'abord qu'à regler son Palais, & pour en venir plus aisément à bout, il chassa de la Cour les bouffons, les flatteurs, les fainéans, & les Eunuques. Il employa ensuite tous ses soins à remettre le bon ordre parmi les soldats ; il se plaignoit quelquefois d'avoir plus de peine à les contenir qu'à vaincre ses ennemis. Il rétablit néanmoins

H

si parfaitement parmi eux la discipline militaire, qu'il sembloit mener à la guerre des Citoyens Romains, plûtôt que des soldats accoutumez à toute la licence des armes. Il eut un zele pour la Justice qui surpassa en quelque sorte toutes ses autres vertus. Il avoit une haine implacable contre les Juges qui commettoient des injustices, & qui se laissoient corrompre par des presens. Il deffendit la venalité des Charges, étant persuadé que l'on ne manque presque jamais de vendre ce qu'on a acheté. Exact à faire rendre la justice, il la rendoit lui-même avec une exactitude rel gieuse; & il étoit si charmé de ce premier principe de la morale, *ne faites à autrui ce que vous ne voudriez pas qu'on vous fit*, qu'il voulut qu'on gravât ces paroles dans les appartemens de son Palais, & sur les frontispices des ouvrages publics. L'innocence de ses mœurs lui fit aimer la Religion Chrétienne ; & n'ayant pû réüssir à faire mettre Jesus-Christ au nombre des Dieux de l'Empire, il conserva religieusement son Image dans le lieu où il plaçoit ordinairement ses Dieux domestiques. Un Prince si accompli vécût trop peu pour le bonheur du monde. Quelques soldats iritez de l'avarice de Mamée, & poussez à la révolte par Maximin, assassi-

nerent cet aimable Empereur la 13e année
de son Regne , & la 27e de son âge. Sa
mere qui gouvernoit absolument fut la
cause de sa perte , comme elle l'avoit été
de sa gloire. Heureux s'il avoit suivi à son
égard la maxime qu'il observa à l'égard de
tous les autres parens , disant en les éloi-
gnant d'auprès de lui , que la Republique
lui étoit plus chere que ses proches.

JULE MAXIMIN.

MAximin originaire de Thrace , &
fils d'un Laboureur Got , après
avoir été Berger dans sa jeunesse , & passé
ensuite par tous les dégrez de la Milice ,
parvint enfin à l'Empire. Il fut le premier
de tous les Empereurs Romains qui prit
la Pourpre Imperiale sans le consentement
du Sénat. Il entreprit de se maintenir par
la cruauté sur un Trône qu'il ne devoit
qu'à son crime , & il garda d'autant moins
de mesures , que contant sur sa Taille , & sur
sa force extraordinaire , il croyoit être en
quelque maniere hors des atteintes de la
mort (on prétend qu'il avoit plus de huit
pieds de haut , & on rapporte des choses
prodigieuses de sa force.) Il commença
par se défaire de tous ceux qu'il crût

avoir connoissance de la bassesse de son
extraction ; & il avoit resolu d'exterminer
tout le corps de la Noblesse, lorsque le
Sénat indigné des cruautez inoüies qu'il
exerçoit contre toutes sortes de personnes,
le déclara ennemi de la Republique, &
choisit un autre Empereur. A ces nouvelles Maximin quitte la guerre qu'il faisoit contre les Parthes, pour aller à Rome,
se saouler de sang & de carnage ; mais s'é-
tant opiniâtré en chemin au Siege d'Aqui-
lée, & voulant se venger sur ses soldats de
la vigoureuse résistance des Assiegez, les
soldats se vengerent à leur tour en égor-
geant cette bête féroce la 65e année de
son age, après deux ans & quelques mois
de Regne. On porta sa tête par toute
l'Italie, & on l'attacha au bout d'une
pique ; le reste de son corps fut aban-
donné aux chiens & aux oiseaux, & fut
enfin jetté dans la riviere, & privé même
de la sépulture.

La persécution qui s'éleva contre les
Chrétiens sous cet Empereur, ne fut pas
universelle ; mais elle fut très-violente en
certains endroits. On remarque plusieurs
causes de cette persécution ; en voicy
deux entr'autes. 1°. La haine que Maximin avoit pour Alexandre son Prédécesseur, dont le Palais étoit plein de Chré-

tiens, lui fit perfécuter particulierement les Miniftres de l'Eglife. 2°. La conduite d'un foldat Chrétien, dont voici le fujet. Les foldats s'approchoient couronnez de laurier fuivant la coutume pour recevoir la diftribution des liberalitez que Maximin fit lorfqu'il affocia à l'Empire fon fils Maxime, il y eut un de ces foldats qui fe préfenta la tête nuë, tenant fa couronne à la main. Les autres le montroient de loin & s'en moequoient. Le bruit en vint au Tribun : Pourquoi, lui dit-il, n'es-tu pas comme les autres ? parce que je fuis Chrétien, dit le foldat. Il fut dégradé & mis en prifon. Plufieurs le blâmereut, comme s'étant expofé témérairement. Tertullien prétend au contraire que c'étoit une marque d'idolâtrie, & entreprend la défenfe de ce foldat, dans un livre qu'il intitula, *de la Couronne du foldat.*

GORDIEN.

PUpien, & Balbin, que le Sénat avoit fait Empereurs avec le jeune Gordien ayant été tucz peu de tems après par une révolte de l'armée, Gordien fe vit feul maître de l'Empire. C'étoit un Prince d'un naturel charmant, & qui poffedoit tous les avantages du corps & de l'esprit ; auſſi fut-il aimé de tout le monde. Les ſoldats l'appelloient leur enfant, les Sénateurs leur fils, le peuple ſa joye & ſes délices. Il ſe rendit de plus ſort habile dans les Sciences., il vouloit ſçavoir tout pour n'eſtre pas trompé, & on prétend qu'il avoit toutes les qualitez néceſſaires pour bien regner, s'il en eut eû l'âge. Les ſages conſeils de Miſithée ſon beaupere plus illuſtre par ſon merite que par ſa naiſſance, le ſauverent de biens des écüeils ; il étoit en effet ſi moderé & ſi reglé en toutes choſes qu'on ne voyoit jamais en lui ni paſſion., ni excès. Comme ce judicieux Miniſtre ne lui cachoit rien de toutes les affaires, Gordien s'écria un jour : *Malheureux le Prince à qui on cache la verité*, parce que ne pouvant ni tout voir, ni tout faire par lui-même, il faut qu'il agiſſe ſelon les ſentimens de ſes Miniſtres. Il défit en bataille rangée les Gots, les Sarmates & les Allemans ; battit les Perſes, & leur enleva pluſieurs Provinces. Tant de belles actions ne pûrent le garantir du ſort funeſte de la plûpart de ſes Prédéceſſeurs. Après la mort de Miſithée, Philippe à qui il avoit donné la place de ce fidele Miniſtre (Préfet du Prétoire) le fit aſſaſſiner la 5e année de ſon Regne, & la 22e de ſon âge.

PHILIPPE.

APrès la mort de Gordien , l'Empire fut la récompense de celui qui l'avoit fait mourir. Les deux Philippes pere & fils , Arabes de Nation , se saisirent du Gouvernement , & firent une paix honteuse avec Sapor Roi de Perse , dans la crainte qu'ils eurent d'être accablez par deux Empereurs que le Sénat élut l'un après l'autre. Etant venus à Rome , ils y célébrerent avec une magnificence extraordinaire , la milliéme année depuis la fondation de cette Ville. La joye de cette fête fut un peu troublée par la révolte de la Pannonie. Dece ayant été envoyé dans cette Province , l'armée Romaine & les Rebelles se réünirent pour le déclarer Empereur. Dece sans perdre de tems , marcha aussi-tôt contre les Philippes , les défait & leur enleve l'Empire avec la vie. Le pere fut tué à Veronne , & le fils à Rome la 5e année de leur Regne. Comme ils s'étoient fait un chemin au Trône par le crime , ils en furent aussi précipitez par un crime. Plusieurs Historiens ont cru qu'ils avoient embrassé le Christianisme ; il est pourtant plus vrai-semblable, & plus glorieux pour notre Religion que Conſtantin le Grand ait été le premier Empereur Chrétien. Quoiqu'il en ſoit, leurs mœurs n'avoient rien de conforme à la *Loi de Jeſus-Chriſt.*

DECE.

DEce originaire de la baſſe Pannonie, étoit un Prince d'une valeur extraordinaire, & fort expérimenté dans la guerre. Il étouffa dès le commencement de ſon Regne la guerre civile qui s'étoit allumée dans les Gaules, & ne ſe ſervit enſuite de ſa puiſſance que pour tourmenter les Chrétiens contre leſquels il excita la plus violente perſécution qui fut jamais; mais Dieu ne laiſſa pas long-tems ſa barbarie impunie; car ce Prince ayant attaqué les Gots, perdit la bataille qu'il leur livra: & après avoir vû périr ſon fils, comme il prenoit la fuite, il ſe jetta ſans y prendre garde dans un Marais profond qui l'engloutit de telle ſorte qu'on ne pût jamais trouver ſon corps. Il avoit regné deux ans, & il étoit dans la 50ᵉ année de ſon âge.

GALLUS

GALLUS.

GAllus ayant été déclaré Empereur par les soldats, il associa son fils Volusien à l'Empire. Sous le Regne de ces deux Empereurs, les Perses porterent la désolation dans presque tout l'Orient, & prirent même Antioche qui fut mise au pillage. Les Scythes ayant pénétré jusque dans l'Asie ravagerent tout ce qui se trouva sur le chemin ; & Gallus ne croyant pas pouvoir les arrêter sans faire avec eux une paix honteuse, fut assez lâche pour se rendre leur Tributaire. Emilien Commandant de l'armée qui étoit en Pannonie, ne pouvant supporter un si grand deshonneur, marche contre les Scythes, & les ayant défaits, ses soldats lui défererent le titre d'Empereur. Gallus justement irrité de cette hardiesse, est tué avec son fils par ses propres soldats lorsqu'il esperoit de tuer lui-même le nouvel Empereur. Il mourut la deuxiéme année de son Regne, & la 46 de son âge.

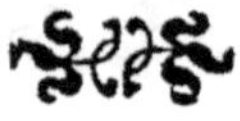

I

EMILIEN.

EMilien, Maure de nation, répondit mal aux grandes espérances qu'on avoit de lui, & son Regne fut encore plus obscur que sa naissance. Beaucoup plus propre à obéir qu'à commander, il parut aussi mauvais Empereur qu'il avoit été bon soldat; aussi les gens de guerre mépriserent en lui le Souverain, autant qu'ils avoient estimé le Capitaine. Il reçut le coup de la mort par ceux-là même dont il reçut l'Empire; car les Légions qui l'avoient salué Empereur étant informées que Valerien avoit pris la Pourpre, se soumirent à ce dernier, & massacrerent le malheureux Emilien, le 3e mois de son Regne.

VALERIEN.

VAlerien fut élevé à l'Empire par le choix de tout le monde. C'étoit un vénérable viellard, illustre par sa naissance, mais beaucoup plus encore par l'éclat de ses vertus. Toutes les dignitez de l'Empire furent comme autant dégrez par lesquels il monta sur le Trône. Cet honneur

suprême fut la source de tous ses malheurs
& l'écüeil funeste contre lequel sa probité
& son innocence firent un triste naufrag.
L'horrible persécution qu'il excita contre
les Chrétiens, lui attira les plus grands
fleaux de Dieu : car outre la peste dont
l'Empire fut affligé, les guerres les plus
sanglantes commencerent à le déchirer.
Les Barbares de toutes parts forçant les
barrieres qui les avoient arrêtez jusqu'a-
lors, Valerien pour les repousser associa
son fils Gallien à l'Empire, & lui ayant
laissé le Gouvernement des Provinces
Occidentales, il passe en Orient pour
faire la guerre contre Sapor le plus terrible des ennemis ; mais l'issuë en fut tout-à-
fait déplorable, car ayant été pris dans
la mêlée, ou, comme veulent quelques-uns,
dans une Conference, il passa le reste de
ses jours dans une affreuse & longue cap-
tivité. On le traita non seulement comme le
dernier des esclaves, mais encore comme
une bête farouche ; car on le mit à la suite
du Roi dans une cage de fer, & lorsque Sapor vouloit monter à cheval, ce malheureux Empereur étoit obligé de courber
son dos pour lui servir de marche-pied :
Mais ce n'étoit pas assez que ce Prince
cruel fut deshonnoré, il falloit encore
qu'il endurât une partie des supplices qu'il

avoit autrefois fait souffrir aux Chrétiens. La nature trop lente à lui donner la mort, la barbarie de son vainqueur trancha le fil de sa malheureuse vie, en le faisant écorcher après un esclavage de près de neuf ans. Son Regne avoit été de sept.

On croit communément qu'il ne fut écorché qu'après sa mort. Quoiqu'il en soit, on corroya sa peau pour la garder, & après l'avoir teinte en rouge, on la mit dans un Temple pour servir de monument perpetuel de la honte des Romains.

GALLIEN.

Gallien profitant des malheurs de son pere, fit cesser les persécutions contre les Chrétiens ; mais au lieu de marcher contre Sapor, & de remédier aux désordres de l'Empire, insensible à la disgrace de son pere & à la désolation presque totale de ses Etats, il languissoit dans les plaisirs, & menoit dans Rome une vie molle & voluptueuse. Les Barbares profitant de son assoupissement se jettoient de tous côtez dans les Provinces, & les armées Romaines, au lieu de se réünir pour arrêter cette inondation, s'entredétruisoient tous les jours pour maintenir les Empereurs que chacune d'elles avoit choisi. On vit jusqu'à trente Tirans qui prirent le nom d'Auguste : Odenat , & Postume furent les plus illustres. Celui-ci ayant pris de lui-même la pourpre imperiale dans les Gaules , alla remettre le calme dans les Provinces désolées. Odenat Prince de Palmire sauva l'Orient par la défense de la Syrie , & sçut si bien contenir les Perses qui venoient fondre sur les frontieres de l'Empire , que non seulement il leur enleva la Mésopotamie , mais il porta la désolation dans leur propre pays. Il gagna contr'eux une célébre bataille , dans laquelle après avoir mis Sapor en fuite, & fait un grand carnage des ennemis, il fit plusieurs Satrapes prisonniers, & les ayant envoyez à Gallien, ce lâche Prince n'eut pas honte de triompher de ceux à la défaite desquels il n'avoit rien contribué ; mais en dérobant à Odenat une partie de sa gloire, il voulut bien lui faire part de la dignité suprême en l'associant à l'Empire ; mais ce généreux Prince ne joüit pas longtems d'un si grand bienfait , car il fut tué peu de tems après par la trahison de Meonius son cousin. Zénobie sa femme, Princesse d'un courage mâle, prit après lui les rênes de l'Empire, & le Commandement de l'armée qu'elle conduifit longtems dans le chemin de la victoire & de l'honneur. Elle fe rendit célébre par toute la terre, pour avoir joint la chafteté avec la beauté, & le fçavoir avec la valeur. Cependant Gallien fe trouvaut fans Défenfeur, fortit enfin de la létargie où la moleffe l'avoit jetté; mais comme il marchoit contre le Tyran Aureole, celui-ci le fit affaffiner à Milan avec fon fils, & fon frere Valerien, la 15e année de fon Regne, & la 50e de fon âge.

CLAUDE SECOND.

CLaude fut un Prince veritablement digne du Trône. Ayant été choifi par les foldats, le Sénat l'honora du titre d'Augufte. Il remplit parfaitement un fi grand nom par l'éclat de fes vertus, & par la gloire de fes actions. Le Sénat s'étant affemblé fur les affaires de la guerre, cet Empereur conclut qu'il falloit réduire les Barbares avant d'attaquer les Tyrans, parce que les premiers étoient ennemis de l'Etat, & que ceux-ci l'étoient du Prince. Son avis ne fut pourtant pas fuivi. On l'obligea de marcher d'abord contre Aureole qu'il défit avec autant de courage que de bonheur. Ayant enfuite tourné les armes contre les Gots , il en fit un fi grand carnage , qu'ils perdirent en deux batailles trois cens vingt-mille hommes , & que deux mille de leurs vaiffeaux furent coulez à fond. La pefte & la famine acheverent peu de tems après d'exterminer ce qui reftoit de ces Barbares. L'Empire alloit par recouvrir fon ancienne fplendeur , lorfque la mort enleva l'Empereur au milieu de fes triomphes. La pefte s'étant mife dans l'armée Romaine , Claude en fut emporté la deuxiéme année de fon Regne. Quintille fon frere fe faifit de l'Empire ; mais Aurelien ayant été fait Empereur par l'armée victorieufe qui étoit en Thrace, Quintille qui n'en avoit pas une affez forte pour lui réfifter, fe fit , felon quelques-uns , ouvrir les veines après un Regne de feize jours ; ou, felon d'autres , fut affaffiné par fes foldats pour leur avoir été d'abord trop févere.

AURELIEN.

AUrelien homme de très-basse naissance, mais d'un merite extraordinaire, prit fort à propos les rênes de l'Empire qui sembloit être à deux doigts de sa perte. Ce grand Prince acheva par sa prudence & sa valeur ce que Claude son prédécesseur avoit déja si heureusement commencé. Il marcha d'abord contre les Germains & les Marcomans, qui étant entrez dans l'Italie avoient jetté la terreur & la consternation jusques dans Rome. Les ayant défaits dans trois batailles, il délivra ses sujets des cruautez & de l'insolence de ces Barbares. Il prit ensuite sa marche vers l'Orient pour aller faire la guerre contre Zenobie. Cette Princesse n'avoit pas seulement conservé les Provinces qu'Odenat avoit laissées à ses enfans ; elle avoit encore conquis l'Egypte, & se préparoit à d'autres Conquêtes, lorsqu'Aurelien lui déclara la guerre. Elle perdit deux batailles, & fut contrainte de se renfermer dans Palmyre, où l'Empereur qui l'assiegea, trouva plus de résistance qu'il n'avoit cru. Cependant après un Siége fort opiniâtre & fort

long , la Ville ayant été prise , Zénobie
fut arrêtée lorsqu'elle s'enfuyoit chez les
Perses. Aurelien ayant recouvert par
cette victoire l'Egypte , & toute l'Asie
qui s'étoit détachée de l'Empire , il ne
pensa plus qu'à reconquerir les Gaules.
Il en vint aisément à bout , car Tetricus
qui regnoit alors dans cette Province ,
ennuyé des continuelles mutineries des
soldats , lui livra lui-même son armée.
Après avoir rendu ainsi les anciennes
bornes à l'Empire , Aurelien vint à Rome
pour triompher. Zenobie & Tetricus qui
marchoient devant son char , furent les
principaux ornemens de son triomphe ;
mais après avoir satisfait pleinement sa vanité , il refusa de satisfaire sa vengeance ;
car ne se contentant pas de leur laisser la
vie, il donna à Tetricus le Gouvernement
de la Lucanie , & retint Zenobie dans
Rome où elle laissa une posterité que S.
Jerôme appelle la famille Zenobienne.
Rien ne manquoit à la gloire de l'Empereur , s'il avoit sçu moderer son naturel ;
mais ce vainqueur de l'Orient & de l'Occident n'ayant pû se vaincre lui-même ,
ternit tout l'éclat de ses triomphes & de
ses victoires par le luxe auquel il s'abandonna durant la paix , & par des cruautez
inoüies qu'il exerça sur tout le monde , &

principalement fur les Chrétiens, dont il répandit le fang avec une extrême barbarie. Sa colere trop redoutée lui caufa la mort. Ceux qui fe croyoient en péril, le prévinrent, & fon Secretaire menacé s'étant mis à la tête de la conjuration, il fut affaffiné la 5e année de fon Regne & la 75e de fon âge.

TACITE. FLORIEN.

APrès la mort d'Aurelien, il y eut un interregne d'environ fept mois, parce qu'il s'éleva entre le Senat & l'armée une difpute d'autant plus aimable, qu'elle avoit été plus rare jufqu'alors, chacun fe déférant réciproquement la gloire de choifir un Empereur. Cette difpute toute aimable qu'elle eft, paroît pourtant être hors de faifon. Le Senat élut enfin Tacite Prince également vénérable & par fon âge, & par fa vertu; mais il devint bientôt odieux par les violences d'un parent nommé Maximin à qui il avoit donné le commandement de l'armée, & périt avec lui dans une fédition, le fixiéme mois de fon Regne.

Florien frere de Tacite s'empara de l'Empire fans attendre le choix du Sénat.

Mais la crainte qu'il eût de tomber entre les mains de Probe qui venoit d'être élû, l'obligea de prévenir la colere de son ennemi par une mort volontaire, après un Regne d'environ deux mois.

PROBE.

PRobE fils d'un Jardinier, ne fut redevable de son élévation qu'à son mérite. C'étoit le plus vaillant & le plus honnête homme de son siécle. Tout fléchit sous un si grand Capitaine. Les Germains & les Francs qui vouloient entrer dans les Gaules furent repoussez avec tant de vigueur par ce valeureux Prince, qu'il leur enleva 60 Villes, & fit périr près de sept cent mille de ces Barbares. Il portoit déja la désolation dans leur propre pays, lorsque neuf de leurs Rois vinrent se jetter à ses pieds pour lui demander la paix qu'il leur accorda. Après avoir remis le calme dans les Gaules, il passa dans l'Illirie & dans la Thrace, où il défit entierement les Gots & les Sarmates. Ayant ensuite pris sa marche vers l'Orient, il attaqua les Perses, & les réduisit à la nécessité d'accepter la paix aux conditions qu'il voulut. Comme il rétournoit à Rome, il

fut affaffiné à Sirmium par les foldats irri-
tez contre lui, de ce qu'il s'étoit vanté
de les rendre bientôt inutiles à l'Empire,
& de ce qu'il les occupoit à des rudes
travaux. Il mourut la 7e année de fon
Regne.

CARUS, CARIN, & NUMERIEN.

LEs foldats s'étant repentis de la violence qu'ils avoient exercée fur Probe, honorerent peu de tems après fa
mémoire, & lui donnerent pour fuccef-
feur Carus qui n'étoit pas moins zélé que
lui pour la difcipline militaire. Ce vaillant
Prince après avoir affocié fes deux fils à
l'Empire, & vengé fon prédéceffeur, alla
combattre les Perfes avec fon fils Numerien, laiffant en fon abfence les affaires de
l'Occident entre les mains dé Carin fon
fils aîné. Tout l'Orient trembla devant
Carus. La Méfopotamie fe foumit à fes
Loix, & les Perfes divifez ne pûrent lui
réfifter : mais pendant que tout lui cédoit,
le Ciel l'arrêta par un coup de foudre.
Numerien qui l'aimoit tendrement, penfa
perdre la vûë à force de le pleurer. Aper
beaupere du jeune Empereur moins touché de fes maux, que du défir de regner

le fit affassiner la deuxiéme année de son Regne. Diocletien vengea sa mort & parvint à l'Empire. Carin s'étant réveillé malgré sa molesse , battit Diocletien , mais en poursuivant les fuyars il fut tué la 3ᵉ année de son Regne par la main du Colonel de ses Gardes dont il avoit corrompu la femme. Par la mort de ce Prince, l'Empire fut défait du plus violent & du plus perdu de tous les hommes.

DIOCLETIEN , & MAXIMIEN.

Diocletien né en Dalmacie de parens fort obscurs , fut un Prince d'une valeur extraordinaire. Il gouverna l'Empire avec vigueur , mais avec une insupportable & sacrilege vanité. Il poussa le luxe dans ses habits aussi loin que Neron & Heliogabale. Il voulut qu'on l'adorât & qu'on se prosternât devant lui comme devant un Dieu , souffrant aussi-bien que Caïus & Domitien , qu'on lui donnât publiquement le titre superbe de Seigneur , & même de Dieu. Pour résister aux ennemis qui s'élevoient en foule au dedans & au dehors, il nomma Maximien Empereur avec lui , & sçut néanmoins se conserver l'autorité principale. Chaque Em-

pereur fit un Cesar : Constance Chlore &
Galere furent élevez à ce haut rang. Ces
quatre Princes firent la guerre en quatre
lieux differens avec beaucoup de succès.
Diocletien ayant pris Alexandrie, fit mourir le Tyran Achillée qui s'étoit rendu
maître de l'Egypte. Maximien rendit le
calme à l'Affrique par la défaite des Quin-
quegentiens. Galere ayant été dabord
vaincu par les Perses & fort mal reçu de
Diocletien, retourne au combat, la colere
& la honte augmentant son courage, il
traîne par tout la victoire après lui, il enleve plusieurs Provinces à l'ennemi, &
termine heureusement la guerre par le
gain d'une bataille dans laquelle après
avoir mis l'armée en déroute, & contraint
le Roi de Perse de se sauver par la fuite,
il se rend maître des femmes, des sœurs,
des enfans & des tresors de son ennemi.
Diocletien n'ayant plus d'ennemis à combattre, tourna toute sa rage contre ses
plus fidéles sujets. Il suscita contre les
Chrétiens la plus violente & la plus cruelle
persécution qui fut jamais. L'enfer dé-
chaîné sembla faire un dernier effort pour
détruire une Religion qui devoit être
bientôt la Religion dominante. Toutes les
Provinces de l'Empire furent inondées
du sang des Martyrs. On inventoit tous

les jours de nouveaux supplices pour les tourmenter plus cruellement. La pudeur des Vierges Chrétiennes ne fut pas moins attaquée que leur foi. On rechercha avec toutes sortes de soins les lieux sacrez pour en abolir la mémoire. Les Chrétiens lasserent enfin par leur patience les Tyrans & les Bourreaux. Les peuples touchez de leur sainteté se convertissoient en foule , & le sang répandu des Martyrs étoit comme une sémence féconde qui produisoit chaque jour mille nouveaux Chrétiens. Diocletien au desespoir d'avoir contribué à l'accroissement de la Religion Chrétienne en voulant la détruire , quitta la Pourpre Imperiale la 20e année de son Regne , & contraignit son Collegue Maximien de la quitter avec lui ; quoique ce dernier la reprit quelque tems après.

Le cruel Diocletien eut une fin des plus malheureuses. En proye à la rage que lui causoit la douleur de voir les Empereurs devenir Protecteurs de la Religion qu'il avoit voulu étouffer dans le sang de tant de Martyrs , il tomba dans le désespoir , selon quelques auteurs , & se résolut de mourir. Il ne vouloit ni manger, ni dormir, il gémissoit, il pleuroit, il soupiroit sans cesse ; livré aux transports de sa sombre fureur, il se rouloit tantôt sur

la terre , tantôt dans son lit , & périt ainsi
miserablement consumé par la faim & par
la violence de ses maux. Selon d'autres,
il s'empoisonna lui-même. D'autres enfin
disent qu'avant de mourir , il vomit sa
langue toute pourrie & pleine de vers.

CONSTANCE CHLORE,
& GALERE.

APrès l'abdication de Diocletien, &
de Maximien ; Constance & Galere
partagerent l'Empire. L'Yllirie , l'Asie ,
& l'Orient échurent à celui-ci , & les
Gaules, l'Italie & l'Affrique furent le parta-
ge de Constance Chlore , qui remit même
peu de tems après l'Italie & l'Affrique
entre les mains de son Collegue , se contentant de l'Empire des Gaules qu'il gouverna avec beaucoup de sagesse & de moderation , ne s'appliquant qu'à rendre ses
peuples heureux ; & faisant bien moins de
cas de leurs richesses , que de leur amour,
comme nous verrons bientôt. Une gravité
majestueuse paroissoit sur son front auguste, une douceur aimable dans ses yeux,
une noble pudeur dans la modestie de
son visage , qui le rendirent les délices de
son peuple. Cet aimable Prince mourut

à

à York en Angleterre la 2e année de son Régne , & la 56e de son âge. Il eut la consolation d'expirer entre les bras de son cher fils Constantin qui s'étoit échapé depuis peu d'entre les mains de Galere , Prince cruel, qui jaloux de la gloire de ce jeune heros, l'exposoit tous les jours à de nouveaux périls dont la divine Providence le rendoit victorieux : en effet Galere l'ayant obligé un jour de combattre contre un Lion furieux , Constantin obéit , & comme un autre David , il terrasse ce fier animal , & le tue. Galere l'envoya dans la suite attaquer un Capitaine des ennemis qui paroissoit sur tous les autres , comme Goliath parmi les Philistins ; Constantin ce nouveau David y va avec intrepidité , attaque le Barbare , le prend par les cheveux , & l'entraîne ainsi jusqu'au pied de Galere , qui toujours jaloux l'exposa à d'autres dangers , non moins grands ; mais Constantin toujours victorieux n'eut que le peril , & Galere seul tout l'honneur.

Ce fut dans l'Angleterre que Constantin fut proclamé Auguste & Empereur pour soumettre ensuite à l'Empire de J. C. tout le reste des Provinces.

On rapporte ce trait glorieux de la tendresse de Constance pour ses peuples,

K

Comme on difoit que pour épargner fes fujets il n'avoit aucun argent en réferve, le fuperbe Diocletien lui envoïa faire des reproches de l'état pauvre auquel il fe réduifoit par fa négligence. Conftance pria les députez de vouloir paffer quelque-tems auprès de lui ; & en même tems il fit venir de toutes les Provinces ceux qui étoient les plus riches, & leur dit qu'il avoit befoin d'argent, & que c'étoit une occafion à faire paroître l'amour qu'ils avoient pour leur Prince. Il n'y en eut aucun qui ne portât au tréfor tout ce qu'il avoit de plus précieux, pour fignaler par-là fon amour. Alors Conftance ayant fait venir les Envoyez de Diocletien, leur dit : Il y long-tems que toutes ces richeffes que vous voyez étoient à moi, mais je les ai laiffées comme en dépôt entre les mains de mes fujets. Quel fujet d'admiration pour ces Députez ! A peine font-ils partis que Conftance envoye querir tous ceux qui avoient offert leur bien avec tant de générofité, il louë leur affection, & rend à chacun ce qu'il avoit apporté ; tant il eft vrai que le plus grand & le plus fûr Tréfor des Princes, eft dans le cœur de leurs peuples.

Cependant Galere craignant d'eftre accablé du poids de l'Empire, nomma deux Cefars, fçavoir Severe à qui il confia la conduite de l'Italie , & Maximin qu'il pourvût du Gouvernement de l'Orient. Tout paroiffoit tranquille , lorfque Maxence fils naturel de Maximien fe fit déclarer Empereur à Rome par les Cohortes Prétoriennes. Severe ayant été envoyé contre le nouveau Tyran , périt par les mains de fes propres foldats. Galere ayant mis Licinius à fa place, marcha lui-même contre Maxence, mais ayant été frappé d'une fale & cruelle maladie , il mourut de pourriture. Licinius & Maximin , au lieu de gouverner l'Empire paifiblement, fe firent une guerre fanglante , & Maximin après avoir perdu une bataille fut emporté peu de jours après par la même maladie que Galere , vers le commencement du Regne de Conftantin.

CONSTANTIN LE GRAND,

Premier Empereur Chrétien.

COnftantin le Grand, dont nous avons déja parlé, furpaffa tous fes Prédéceffeurs en gloire & en vertus. Il avoit un génie vif & ardent, capable de tout entreprendre, & de tout exécuter. Il avoit été élevé comme le Légiflateur des

Juifs, au milieu des ennemis du vrai Dieu & de son peuple ; comme Moïse il devoit exterminer ces mêmes ennemis pour délivrer de leur tyrannie le veritable Israël. Son pere Constance Chlore l'ayant préferé dans son Testament à ses autres freres, il vint en Italie à la tête d'une armée & mit le Siege devant Rome, dont le tyran Maxence s'étoit rendu maître. Animé par la vûë d'une croix lumineuse qui lui parut en l'air avec une inscription qui lui promettoit la victoire, il fit mettre la figure de cette Croix sur ses étendars, & ayant livré la bataille à son ennemi, il remporta sur lui une victoire signalée qui défit Rome d'un tyran, & l'Eglise d'un Persécuteur. Constantin entra glorieux & triomphant dans la Capitale de l'Univers, & la Croix fut arborée comme la défense du peuple Romain & de tout l'Empire. Ce Religieux Prince ne se contenta pas seulement d'avoir soin que l'Eglise fut en repos contre les attaques de ses ennemis, il fit aussi tout ce qu'il pût pour empêcher qu'elle ne fut divisée au dedans par les contestations de ceux qui faisoient profession d'estre de ses membres. Tout le monde sçait que Constantin assista en personne au célebre Concile de Nicée. Ce religieux Empereur donna des marques d'un zéle si ardent pour l'avancement de la Religion Chrétienne , & pour la destruction du Paganisme , qu'il n'est pas aisé de marquer quel fût le plus grand nombre, ou des Temples des faux Dieux qu'il a renversez , ou des Eglises qu'il a élevées en l'honneur de J. C. & des Saints Martyrs. La guerre qu'il entreprit contre Licinius son beaufrere, fut encore une preuve bien éclatante de son zéle pour la vraye Religion. Ayant appris que ce Prince cruel avoit renouvellé la persécution, il le fit avertir d'abandonner une entreprise si indigne ; mais ses conseils ayant été mal reçus, il déclara la guerre à cet ennemi du nom Chrétien, le vainquit, & lui enleva l'Empire avec la vie. Constantin devenu par sa mort seul maître de l'Empire, le délivra bientôt de tous ses ennemis. L'Etendart sacré de la Croix qui marchoit à la tête de ses armées, le rendit invincible, & son Regne ne fut qu'une suite continuelle de victoires & de triomphes. Pendant que sa valeur maintenoit l'Empire dans une souveraine tranquillité, le repos de sa famille fut troublé par les artifices de Fauste sa femme. Crispe son fils, jeune Prince d'un très-beau naturel, illustre par plusieurs victoires qu'il avoit déja remportées, & plus encore par ses vertus ; n'ayant pas voulu répondre à l'incestueuse passion de sa marâtre, cette nouvelle Phédre l'accusa d'avoir attenté à sa pudeur. L'Empereur trop crédule fit périr ce Prince innocent. Il est vrai qu'il reconnut sa faute, mais trop tard. Helene mere de Constantin étoit inconsolable de la mort du jeune Prince : ce fut pour appaiser sa douleur qu'on dit que Constantin fit enfermer sa femme dans un bain qu'on fit tellement chauffer qu'elle y étouffa. Les Grecs honorent Constantin entre les Saints, & en font la fête le 21 Mai, le joignant à sa mere sainte Helene. On doit croire que le Baptême a effacé toutes les tâches de sa vie, & que le meurtre de Crispus a précédé son Baptême. Il étoit âgé de 65 ans lorsqu'il le reçut, ce qui paroit surprenant dans le plus grand défenseur qu'ait jamais eu la Religion Catholique.

Eusebe dit avoir appris de la propre bouche de Constantin les deux merveilles qu'il rapporte. Cet Empereur étant en campagne suivi de son armée un peu après midi, vit au-dessus du Soleil une croix de lumiere avec cette inscription, *hoc vince*. Toute l'armée vit la même chose, & en fut étonnée aussi - bien que lui. Pendant la nuit, J. C. lui apparut avec ce même Signe qu'il avoit vû dans le Ciel, & lui ordonna d'en faire un semblable pour s'en servir contre ses ennemis. Constantin obéit, & fit marcher à la tête de ses troupes l'Enseigne ornée de la Croix; c'est-à-dire le *Labarum*. Par tout où le *Labarum* paroissoit, les ennemis fuyoient, & sa présence rassuroit les troupes ébranlées. Cinquante hommes des plus vertueux & des plus courageux choisis entre les Gardes du Corps étoient destinez à la garde de cette Enseigne, & la portoient tour à tour sur leurs épaules. Dans une occasion périlleuse celui qui le portoit s'étant effrayé, & l'ayant donné à un autre pour s'enfuir, fut aussi-tôt percé d'un dard qui le tua, & l'autre ne reçut pas un seul coup, quoique plusieurs traits donnassent dans le bois qui portoit la Croix & s'y attachassent.

CARACTERES

DE CINQUANTE-HUIT DES Meilleurs Historiens, Orateurs, & Poëtes Grecs, Latins & François.

HERODOTE.

HErodote qu'on peut appeller le plus ancien Auteur de l'Histoire Grecque, (je veux dire le plus ancien dont les ouvrages soient venus jusqu'à nous) étoit originaire d'Halicarnasse. Il a fait entre autres choses l'Histoire de l'Empire des Perses qu'il divise en neuf Livres, à chacun desquels il a donné le nom d'une des Muses. Son discours facile, net, & sans embarras coule paisiblement comme un fleuve tranquille. On le faisoit autrefois passer pour un conteur de fables, mais il est aujourd'hui regardé avec raison comme le pere de l'Histoire prophane, nom glorieux que Ciceron lui a donné. Il est

parmi

parmi les Historiens Grecs, ce que Dé-
mosthene & Homere sont parmi les Orateurs & les Poëtes de la même nation.
Deux des plus fameux critiques du siecle
passé, qui ne se rencontrent guéres, s'ac-
cordent pourtant à le combler de loüanges.

THUCIDIDE.

THucidide étoit né dans Athenes. Le
sang des Héros couloit dans ses veines, puisqu'il descendoit de Miltiade, &
de Cimon fameux Capitaines Atheniens.
Il vivoit du tems de la guerre du Peloponese, dont il a écrit l'histoire en huit
Livres. Le huitiéme n'est pas si parfait
que les sept autres, ce qui fait croire que
la mort empêcha Thucidide d'y mettre la
derniere main. Nous n'avons rien de plus
accompli en ce genre que ce qu'il nous
a laissé. Il est ingénieux, plein de justesse
& de discernement, disant bien plus de
choses que de paroles. Il a plus de force,
d'élévation, & de noblesse qu'Herodote,
mais aussi son stile est plus sec & plus obscur. Demosthene faisoit tant de cas de ses
ouvrages, qu'il les écrivit huit fois de sa
propre main pour s'en rendre le stile fa-
milier, & comme naturel.

L

CESAR.

JUle Cesar doit être mis à la tête des Historiens Latins. Il fut aussi excellent Auteur, que grand Capitaine ; & il n'a pas moins bien écrit les guerres où il s'est trouvé, qu'il les a heureusement terminées. Cesar a dans son discours tant de véhemence, de vivacité, de feu, qu'il semble parler du même air, & avec la même force qu'il combattoit. Sa diction toujours pure, nette, coulante ; ses tours aisez & gracieux que l'art ne donne point, & qui naissent d'un génie, maître de sa matiere ; cet air enfin de sincerité & de grandeur qui regne par tout dans le récit de ses projets & de ses défaites, comme de ses victoires : Tout cela, dis-je, le rend en quelque maniere autant supérieur aux autres Historiens, que ses triomphes l'ont élevé au-dessus des heros Romains. La preuve la plus sensible qu'on a du goût, est le plaisir qu'on prend à lire ses ouvrages, & un moyen des plus propres à apprendre l'art militaire, c'est de le lire avec réfléxion.

SALLUSTE.

SAllufte natif de la Ville d'Amiterne, vivoit dans le même tems que Cefar. C'étoit un bon Hiftorien, mais un fort méchant homme. Nous avons quelques fragmens de plufieurs Livres qu'il avoit compofez de l'hiftoire Romaine ; & il nous refte de lui deux morceaux d'hiftoire qui font entiers ; fçavoir la guerre des Romains contre Jugurtha, & la confpiration de Catilina. Sallufte penfe noblement. Il a le difcernement jufte, & fçait écarter tout ce qui eft étranger à fon fujet, fans rien omettre de ce qui eft néceffaire. Il s'exprime ordinairement avec une vivacité, une énergie & une briéveté merveilleufe. Son ftile concis dégenere pourtant quelquefois dans une fatigante quoiqu'ingenieufe obfcurité. Il a le talent de peindre les hommes au naturel, & de copier d'une maniere convenable leurs fentimens, leurs paroles & leurs harangues. Peu d'Hiftoriens lui feroient comparables, s'il avoit fçu s'abftenir d'une foule de termes anciens, qu'une fauffe gloire d'érudition lui fait affecter, & d'une infinité d'invectives picquantes qui mar-

L ij

quent son esprit satyrique, & qui peuvent faire douter de la sincérité de son histoire. On peut encore ajouter qu'il est trop sententieux, & que sa morale conviendroit mieux à un ouvrage de Philosophie, qu'à une Histoire.

TITE-LIVE.

Tite-Live né à Padouë, vivoit du tems d'Auguste. Il avoit écrit toute l'Histoire Romaine, mais il ne nous reste que 35 livres des 142 dont son ouvrage étoit composé. Cet Auteur, sans avoir les défauts qu'on reproche à Salluste, a autant & plus de perfections que lui. On ne voit dans son Histoire que justesse, que beauté, qu'élévation dans les pensées. On admire la douceur, la fermeté, &, si j'ose ainsi parler, la majesté de son stile. Il picque la curiosité du Lecteur par l'enchaînement de ses narrations également agréables & interessantes. Il instruit par les réflexions solides qu'il place toujours à propos, & en remontant jusqu'aux principes des choses qu'il traite, il fait voir les sources des guerres, la politique des Romains, les mœurs des peuples ennemis, les entreprises & les intrigues, les fautes

& les reſſources des chefs : Il les diſtin-gue tous par des traits marquez, ſpécifi-ques & perſonnels. Dans ſon Hiſtoire tout vous paroit clair, judicieux, éloquent, naturel, & ménagé avec un art d'autant plus beau qu'il eſt moins ſenſible. Il veut que la vérité ait tous les agrémens qu'elle peut avoir, mais il lui refuſe tout ce qui pourroit la farder, ou la déguiſer ; évitant les invectives, il lui ſuffit de raconter les faits ſans les exagerer, & par tout ſa principale étude eſt de paroitre auſſi hon-nête homme que vrai & ſincere Hiſtorien.

CORNELIUS NEPOS.

Cornelius Nepos vivoit ſous les Re-gnes de Ceſar & d'Auguſte. On ne ſçait pas certainement le lieu de ſa naiſ-ſance, mais il y a grande apparence qu'il étoit de Veronne. Il a écrit les vies des plus illuſtres Capitaines de Rome, & des autres Nations. Nous avons perdu les vies des Romains, & il ne nous en reſte que 22 des autres Capitaines. Æmilius Probus dont on voit ordinairement le nom à la tête du petit ouvrage de CorneliusNepos, n'étoit qu'un Copiſte qui ayant écrit ces vies de ſa main, les preſenta à Theodoſe, comme le montre parfaitement Vossius. La latinité de Cornelius Nepos est d'une clarté & d'une netteté merveilleuse, & très-digne du Siecle d'Auguste.

VELLEIUS PATERCULUS.

VElleïus Paterculus étoit originaire de Naples, & d'une famille distinguée. Il écrivit un Abregé de l'Histoire, où il mêla les affaires de la Gréce & de l'Orient avec celles de Rome & de l'Occident. Cet Abregé finit au Regne de Tibere dans la Cour duquel vivoit Paterculus. Il louë ce Prince d'une maniere très-basse & très flateuse. Dans le reste de son ouvrage dont le tems nous a dérobé la moitié, il est & plus équitable, & plus vrai. Il sçait toutes les finesses de la Langue Latine. Il est inimitable dans ses portraits. Il écrit enfin avec une légereté, une politesse, & un agrément qu'il est difficile d'égaler. C'est sans doute un des Ecrivains du beau siecle, qui plaira le plus aux gens qui aiment à voir briller l'esprit dans presque tout ce que l'on dit. Son stile ne laisse pourtant pas d'être quelque fois rude & un peu obscur.

QUINTE-CURCE.

LE lieu de la naissance de Quinte-Cur-ce, & les particularitez de sa vie & de sa mort, nous sont entierement inconnus. Le tems où il a vécu est aussi fort incertain. Les uns le font vivre sous le Regne d'Auguste, les autres le placent sous le Regne de Vespasien ; & d'autres enfin plus vrai-semblablement sous celui de Claude. L'Histoire que Quinte - Curce a composée des actions d'Alexandre le Grand, est belle, bien écrite, & digne du meilleur siécle de la Latinité. C'est un des Auteurs Latins le plus poli dans ses expressions, le plus amusant dans ses narrations, le plus éloquent dans ses ha-rangues, le plus fleuri dans ses descrip-tions, & peut-être le moins exact sur la Geographie.

CORNEILLE-TACITE.

TAcite Chevalier Romain vivoit sous le Regne de Trajan. Il passa par les plus grandes Charges de la Republique, & composa plusieurs Histoires, dont il ne

L iiij

nous reste que quelques Livres. C'est un Auteur serré, politique, profond, mysterieux, & cependant hardi, satyrique, & impitoyable ennemi des désordres des Grands. Il faut l'avoir étudié pour bien connoître son mérite. Sa maniere d'écrire rebute d'abord; mais après quelques lectures sérieuses on s'y fait, & on entre dans ses pensées : On le lit ensuite avec plaisir, & on ne sçauroit plus le quitter. C'est un fond inépuisable, & plus on réfléchit sur ce qu'il a écrit, plus on y trouve de raison, de Jugement, & de solidité.

Jugement sur Tacite, tiré du Journal des Sçavans de 1686.

Quelque mépris qu'Alciat, Paul Emile, Ferret, & quelques autres ayent fait de la Latinité, & du stile de Tacite, il est certain, selon plusieurs Ecrivains illustres, qu'il n'est guéres d'Auteur qui l'emporte au-dessus de lui, ni qui lui soit même comparable, tant pour la subtilité & pour la délicatesse de ses expressions, que pour l'étenduë & la prudence de la politique dont ses ouvrages sont assaisonnez. C'est entr'autres le jugement qu'en ont porté Jean Bodin, Juste Lipse, Possevin, Mariana Strada, Balthasar Gracian, Naudé,

& M. la Mothe le Vayer. Les uns difent que fa diction eft élégante, pure & limée, les autres qu'elle eft nerveufe, & pleine de fens : Ceux-là, que chaque page, chaque ligne contient des confeils, des préceptes & des dogmes : Ceux-ci, qu'il ne s'attache pas tant à faire des conjectures fur le paffé, qu'à donner des avertiffemens pour l'avenir ; & tous concluent de-là, qu'il n'eft point d'Hiftorien dont la lecture foit plus utile que celle de fes ouvrages. Il eft vrai, comme le remarque Lipfe, que tous n'attrapent pas le fens myftérieux de cet Auteur ; qu'il faut pour cela des hommes faits & avec une certaine fubtilité d'efprit, un jugement qui aille droit au but, &, pour le dire en un mot, une naiffance heureufe, & une bonté de naturel particuliere. On peut ajoûter avec Cavriana qu'il faut de plus avoir de l'expérience & de la pratique dans les affaires d'Etat ; car comme la lecture de Tacite ne convient particulierement qu'à ceux qui font deftinez au maniment de ces fortes d'affaires, la Cour, les Ambaffades, & le commerce des Grands font auffi proprement les feules écoles où l'on apprend l'ufage de fa Morale, & les fources où l'on puife l'intelligence de fes écrits.

FLORUS.

FLorus a moins fait l'Histoire que le Panégyrique du Peuple Romain, qu'il divise en quatre âges, son enfance, sa jeunesse, son âge viril & sa vieillesse. Le stile de cet ouvrage est tout poëtique, & rempli de pointes. L'esprit ne manquoit pas à Florus; mais il vouloit trop paroître en avoir à force de penser. Il se guinde & se fait souvent perdre de vûë. Les termes propres & naturels lui échapent, lorsqu'il court après des expressions trop ingénieuses. On sent que le bon goût avoit dégénéré de son tems. C'est sous le Regne de Trajan que parurent les quatre Livres d'Histoires, dont la Chronologie est extrémement défectueuse.

CAIUS SUETONE

TRANQUILLE.

SUetone étoit Secretaire de l'Empereur Adrien, & intime ami de Pline le jeune qui traite ses Livres d'ouvrages accomplis. De plusieurs Histoires qu'il avoit composées, il ne nous reste que les vies des douze premiers Céfars. C'est un Auteur d'un goût fin, & d'une précifion merveilleufe. Il ne laiffe pourtant pas de parler des vices, & des défordres des Empereurs, d'une maniere plus détaillée qu'il ne convient à un Hiftorien qui a de la fageffe & de la probité.

MARC JULIEN JUSTIN.

JUstin, Abbréviateur de l'Hiftoire univerfelle que Trogue Pompée avoit écrite en 44 Livres fous le Regne d'Augufte, vivoit du tems de l'Empereur Antonin le Pieux, auquel il dédia fon Ouvrage. C'est un Auteur poli, & quoiqu'il n'ait pas toute l'élégance du fiecle d'Augufte, il en conferve encore de précieux reftes. Il n'a pas beaucoup d'exactitude, & fait beaucoup d'étranges bévûës, furtout dans ce qui concerne les Juifs; & foit qu'il ait tout pris de fon original, ou qu'il ait, comme prétendent quelques-uns, voulu fuppléer ce que Trogue Pompée avoit omis, il montre peu de difcernement dans le choix qu'il fait.

❦❦

SEXTUS AURELIUS VICTOR.

AUrelius Victor vivoit sous les Regnes de Constance & de Julien l'Apostat. Il étoit, à ce qu'on croit communément, Africain de nation, & Gentil de Religion. Nous avons deux Livres de cet Ecrivain. Le premier traite des hommes illustres qui ont vécu depuis Procax jusqu'à Jules Cesar, & c'est mal-à-propos qu'on l'attribuë à Pline le jeune. Le second contient les vies des Empereurs jusqu'au troisiéme Consulat de Julien. On lui en attribuë un troisiéme sur l'origine du peuple Romain ; mais il paroit être d'un Auteur moins ancien que lui. Quand Aurelius Victor n'auroit pas conduit son Histoire jusqu'aux Empereurs du bas Empire, sa latinité feroit assez connoître que ce n'est pas un Ecrivain du beau siecle ; mais il écrit avec méthode, & beaucoup de netteté. Il ne faut pas confondre cet Auteur avec un autre Sextus Aurelius Victor qui vivoit du tems d'Arcade & d'Honorius. Nous ne ferons pas mention de ce dernier, parce que ce n'est pas un Historien, mais un simple compilateur.

EUTROPE.

EUtrope Sophiste Italien, a écrit un abrégé extrémement court, mais exact, de l'Histoire Romaine, depuis la fondation de la Ville jusqu'au Regne de Jovien. Il dit lui-même qu'il a porté les armes sous Julien l'Apostat ; ainsi quelques Sçavans se sont trompez beaucoup en croyant qu'il avoit été disciple de S. Augustin. Si cet Auteur n'a pas toute la politesse des anciens Historiens, il en a au moins l'exactitude & la netteté, & un amour inviolable pour la verité.

AMMIEN MARCELLIN.

AMmien Marcellin florissoit sous les Regnes de Gracien & de Valentinien. Il avoit composé trente-un Livres dont les treize premiers se sont perdus. Son Histoire commençoit depuis Nerva jusqu'à la mort de l'Empereur Valens. Il étoit Grec d'origine, & soldat de profession. Son stile dur & hérissé se ressent un peu de l'un & de l'autre ; mais son amour pour la verité, sa prudence, son exacti-

tude, ſa ſolidité dédommagent abondamment le Leĉteur de la rudeſſe de ſes expreſſions.

JOINVILLE.

LE Sire de Joinville eſt, je crois, le
premier de nos Hiſtoriens que nous
ayons dans notre Langue. On n'entend
plus ſon langage quand on le lit dans ſa
pureté. Pour le rendre plus intelligible,
on y a fait divers changemens dans les
termes. L'ouvrage eſt la Vie de S. Loüis,
& l'Auteur ne doit pas moins ſervir de
modéle aux meilleurs Hiſtoriens, que le
Saint Roi aux Heros Chrétiens. Tout ce
que la Nature a dans ſa plus grande ſimplicité de noble & de gracieux, elle l'a
répandu dans cet écrit. Chaque ligne eſt
tracée par la vérité même qui ſemble
avoir pris le pinceau pour ſe peindre par
les traits les plus ſenſibles & les plus aimables. On n'y voit ni art, ni génie, ni
étude. Joinville y parle comme on pen-
ſoit de ſon tems, avec une candeur, une
droiture, une naïveté charmante qu'on
ne peut s'empêcher d'aimer, qu'on ne
ſçauroit preſque plus imiter, & qu'on doit
toujours regreter d'avoir perduë.

PHILIPPE DE COMINES.

TOut le monde connoit le mérite de
Philippe de Comines. Combien d'é-
ditions n'a-t'on pas fait de ses admirables
Commentaires ? & à quel Auteur plus
charmant peut-on donner les heures qu'on
veut passer agréablement & utilement ? Il
ne s'en tient pas à la sécheresse des sim-
ples Mémoires, il releve les siens par la
solidité de ses courtes réfléxions, par la
noblesse de ses sentimens, & par la science
des choses qu'il represente. Il ne narre que
des combats où il s'est trouvé, des victoires que les Rois ont remportées avec
lui, & des négociations dont il a été témoin, ou qu'il a entreprise pour eux ;
il n'est enfin jamais au-dessous de son sujet, parce qu'il écrit comme il a toujours
agi lui-même, & que ce n'est qu'en guer-
rier experimenté qu'il parle de la guerre;
en Courtisan droit & éclairé qu'il peint
la Cour ; & en homme de bien qu'il rapporte les vertus & les défauts des Princes
qu'on doit toûjours respecter. Lorsqu'il
parle de lui-même, c'est sans vanité, &
quand il parle des autres, c'est sans jalousie.

MEZERAY.

MEzeray a écrit l'Histoire de France depuis Pharamond jusqu'à Loüis XIII. C'est un Auteur qui parmi de fort bonnes choses en a de très-mauvaises, n'ayant employé à la composition de son Histoire que ce qui lui est tombé sous les yeux sans examiner & creuser le terroir sur lequel il vouloit bâtir, il ne faut pas s'étonner du grand vuide qui regne dans tout l'espace des deux prémieres races de nos Rois ; mais quand il est sorti des premiers siecles de la Monarchie pour entrer dans la troisiéme Race, n'est-ce pas un plaisir de le voir prendre de toutes parts ce qui n'est peut-être pas le plus certain, mais ce qui est du moins le plus réjoüissant ? ne passer aucun des traits malins qui peuvent égayer l'Ecrivain & le Lecteur. Il ne s'arrête point à cette pureté, ni à cette finesse de langage qu'on admire dans quelques Auteurs modernes, mais aussi il a quelquefois des rencontres fort heureuses ; & s'il ne se trouve pas un assez bel arrangement dans ses narrations, il a du moins beaucoup d'imagination & de feu.

Mezeray a plus d'une fois avoüé à ses

amis

amis (ce font les paroles de M. l'Abbé Lenglet du Fresnoy) que lorsqu'il publia sa grande Histoire en 1643. il n'avoit lû aucun des originaux de notre Histoire.

DANIEL.

LE Pere Daniel Jesuite, suivant une route nouvelle, commence son Histoire par le Regne de Clovis, & la continuë jusqu'à la fin du Regne de Henry IV. Ce nouvel Auteur a pris soin de remplir son ouvrage de tout ce qui est le plus capable de nous contenter & de nous instruire. Il ne nous represente pas seulement de grands objets de guerres entreprises, de sanglantes batailles, de victoires signalées ; mais il nous transporte en quelque maniere sur les lieux où les événemens se passent. On y distingue les divers caracteres des Princes, leur valeur, leurs intrigues, leur foiblesse, leur intérêt, leurs ligues. On y voit à même tems les les Loix de l'Etat, les mœurs des peuples, les régles de la Religion : Tout se produit & se développe à l'esprit qui n'est distrait par aucune circonstance étrangere. L'Auteur n'aime point à parer son Histoire d'ornemens inutiles, ni d'un vain éclat qui éblouit. Un certain air de pro-

M

preté, de justesse, & de netteté lui paroit plus convenable à la simplicité majestueuse de l'Histoire; ainsi son langage n'est ni fleuri, ni brillant; ses termes sont expressifs, sa diction aisée, son stile nourri & coulant. Attentif à ne rien avancer que de conforme à la plus exacte verité, il ne laisse pas d'aimer les nouvelles découvertes : mais en faisant ses recherches, il a eu d'un côté tous les secours que la science pouvoit lui donner, & de l'autre, la critique la plus sage & la plus sévere lui a prêté la main ; de maniere que par ses heureuses découvertes il a mis dans un nouveau jour les premiers Siécles de notre Monarchie. Dans la suite de son Histoire où les choses se présentent à proportion qu'on avance dans les tems les plus près de nous, il a encore eu plus de soin d'épurer tout l'or qu'il a employé, & de ne se pas laisser séduire ni par les apparences, ni par les préventions nationales ou particulieres. M. l'Abbé Lenglet du Fresnoy ne trouve pas que la troisiéme race satisfasse autant que les deux autres. Je ne sçai si le sentiment de cet Abbé sera suivi des bons connoisseurs.

L'Abrégé de l'Histoire de France par le P. Daniel est autant estimé en son genre, que la grande Histoire du même Pere.

ORATEURS.

ISOCRATE.

ISocrate étoit d'Athenes, & vivoit du tems de la guerre du Peloponefe. Il a eu plus de réputation que de mérite. Son éloquence eft à la verité douce & coulante, mais il parle mieux qu'il ne penfe. C'eft, n'en déplaife à fes admirateurs, un froid Orateur qui n'a fongé qu'à polir fes penfées, & qu'à donner de l'harmonie à fes paroles. Il n'a eu qu'une idée baffe de l'éloquence, & il l'a prefque toute mife dans l'arrangement de mots. On ne voit dans cet Orateur que des difcours fleuris & effeminez, que des périodes faites avec un travail infini pour amufer l'oreille. Il demeura dix ans à ajufter celles de fon oraifon pour les befoins de la Gréce, lent fans doute & foible fecours pour la Republique contre les promptes & vigoureufes entreprifes du Roi des Perfes. Ses difcours à Nicocles & à Demonicus, & celui qu'il a fait fur la paix font fes meilleurs ouvrages. Le défaut de fa prononciation l'empêcha de

M ij

paroître dans le Barreau ; ainsi ses harangues sont des productions de cabinet qui n'ont jamais été prononcées en public.

DEMOSTHENE.

DEmosthene Athenien surmonta par l'assiduité d'un travail opiniâtre les défauts naturels qui auroient empêché tout autre de penser à la profession d'Orateur qu'il embrassa. Il consacra tous ses travaux & toutes ses veilles au salut de sa nation, & mérita que Philippe Roi de Macedoine, dont il fut toujours le plus redoutable ennemi, l'appellât l'unique rempart d'Athenes. Alexandre luimême, tout vainqueur de l'Asie qu'il étoit, se trouva souvent arrêté par la force presque divine de ce puissant génie. Rien n'est plus grand, plus beau, que ses harangues: Il émeut, il échauffe, il entraîne tous les cœurs. C'est un raisonnement serré & pressant ; ce sont des sentimens généreux d'une ame qui ne conçoit rien que de noble & de sublime ; c'est un discours qui croît & qui se fortifie à chaque parole par des raisons nouvelles : c'est un enchaînement de figures hardies & touchantes. On ne sçauroit le lire sans voir qu'il porte

continuellement la Republique dans le
fond de son cœur : Il paroit en quelque
maniere sortir de soi pour ne voir que la
Patrie. Il ne cherche point le beau, il le
fait sans y penser ; c'est la nature qui parle
elle-même dans les transports. L'art est si
achevé qu'il ne paroît point. Rien n'é-
gale sa vehémence & sa rapidité : il tonne,
il foudroye ; c'est un torent qui entraîne
tout. On ne peut le critiquer, parce qu'on
est saisi, & l'on pense aux choses qu'il
dit, & non à ses paroles.

CICERON.

Ciceron surnommé le Prince de l'é-
loquence, est sans contredit le chef
& le maître de tous les Orateurs Latins.
Son mérite l'éleva par dégré aux premieres
dignitez de la République. Ses grands ser-
vices lui acquirent le titre glorieux de
Restaurateur & de pere de la Patrie, &
ses ouvrages l'ont fait regarder comme le
plus vaste & le plus beau génie de l'antiquité. C'est, dit Seneque le Retheur, le
seul esprit qu'ayent eû les Romains égal
à leur Empire, & le seul, ajoute Paterculus, qui les ait empêché d'être vaincus par l'esprit de ceux qu'ils avoient

vaincus par les armes. La pureté de son stile, l'abondance des pensées, l'élévation, la
force, la justesse de ses discours, & l'admirable varieté qui regne dans ses ouvrages ont déja fait & feront encore l'admiration de tous les Siecles. Ce grand
homme embellit tout ce qu'il touche, il
fait, pour ainsi dire, honneur à la parole.
Il a je ne sçai combien de sortes d'esprits,
il est court & véhément toutes les fois
qu'il veut l'être ; mais on remarque quelque parure dans son discours. L'art y est
merveilleux, mais on l'entrevoit. L'Orateur en pensant au salut de la République,
ne s'oublie pas, & ne se laisse point oublier. On l'admireroit davantage, s'il
s'admiroit moins lui-même. Les loüanges
fades & démesurées qu'il se donne presque continuellement, & les injures grossieres qu'il vomit contre Antoine font des
défauts qu'on ne sçauroit lui pardonner.

LES DEUX SENEQUES.

SEneque le Retheur, & Seneque le
Philosophe peuvent être mis au rang
des Orateurs Latins. Le Retheur paroît
sçavant, & a de la force dans l'expression.
Le Philosophe prend la plume, & sans

méditer à sa matiere , il la laisse couler.
Quelques Sentences tournées en cent fa-
çons remplissent la page. Il conte sur son
esprit qui s'admire dans tout ce qu'il produit. Nulle liaison , nul ordre dans les
pensées ; on les compare aux grains de
sable que la chaux ne lie point, mais frap-
pent pourtant : elles ont de l'éclat , mais
quand on les examine de plus près , cette
lumiere se change en obscurité, & ce qui
vous paroissoit dabord un beau Diamant ,
n'est souvent qu'une fausse pierre qu'on
ne doit pas pas estimer.

QUINTILIEN.

Quintilien , selon l'opinion la plus
commune, nâquit à Rome. Il florissoit sous le Regne de Vespasien, & de
Tite. Rétheur de profession , ses ouvrages nous montrent de plus qu'il devoit
être un grand Orateur. C'étoit incontesta-
blement le premier Professeur d'éloquence de son siecle. Son génie n'avoit pas
moins de force que de finesse. Son goût
étoit exquis, son érudition profonde ,
mais surtout il possedoit éminemment
cet heureux talent de communiquer ses
dées les plus déliées par des images &

des expreſſions qui étoient également à la portée de tous ceux à qui il devoit ſe faire entendre : ainſi jamais perſonne ne ſçut mieux que lui l'art de parler avec juſteſſe, & d'inſtruire avec agrément. Il enſeigna long-tems la Rethorique à Rome avec une réputation infinie. Il eut parmi ſes diſciples un neveu de l'Empereur Domitien, & Pline le jeune dont nous parlerons dans la ſuite. Il entreprit un ouvrage ſur lequel il ſembloit qu'Ariſtote & Ciceron n'euſſent rien laiſſé à déſirer : c'eſt ſon Livre des Inſtitutions de Rethorique, dans lequel on peut dire qu'il encherit ſur ſes modéles. Il y trace des régles pour l'Orateur qu'il prend ſoin de former dès le berceau. Il le fait avec tant de ſuccès, que cet Ouvrage eſt communément regardé comme un des plus précieux tréſors que nous ayons de l'antiquité. Quelques-uns attribuent à ſon ayeul les déclamations qui portent ſon nom , mais il inſinuë lui-même qu'elles ont été faites par ſes Ecoliers.

PLINE LE JEUNE.

PLine le jeune , neveu de Pline le naturaliſte, étoit de Côme Ville d'Italie, & d'une famille très - conſiderable. Son oncle

oncle en l'adoptant lui donna de grands
biens, & sembla le faire heritier de son es-
prit&de sa profonde capacité.Il s'appliqua
sur tout à l'éloquence & à la vertu dans un
tems où l'une & l'autre n'étoient presque-
plus en honneur. Son esprit & son désin-
teressement lui acquirent l'estime & l'admiration de tout le monde. Ses Plaidoyers
l'avoient déja fait regarder comme le premier Orateur de son tems ; mais le Panegyrique de Trajan qu'il prononça dans
le Senat en qualité de Consul, mit le
comble à sa gloire. C'est un chef-d'œuvre où tout est délicatement pensé, & vi-
vement exprimé. Rien n'est plus spirituel,
plus brillant, plus gracieux. Cette haran-
gue charme encore aujourd'hui, & on ne
sçait qu'admirer le plus, ou du Prince qui
a pû meriter de tels éloges, ou de l'Orateur qui sçut les donner.

FLECHIER.

FLechier Evêque de Nîmes avoit l'esprit fin & délicat, nourri de l'étude,
de la connoissance du monde, de l'histoire, & de la Religion. Il sçait donner
un éclat si brillant aux choses qu'il manie, que tout entre ses mains semble, pour

ainſi dire , ſe convertir en or & en pierre
précieuſe. Il avoit trouvé les plus beaux
& les plus rares ſecrets de l'art. Il excelle
ſur tout dans le Panegyrique, & l'on peut
dire qu'il s'eſt immortaliſé lui-même, en
immortaliſant la vertu des Saints & la
valeur des Héros dont il a fait l'éloge.

Toutes ſes Oraiſons funebres ſont écrites avec tout l'art, l'éloquence, la no-
bleſſe, & la délicateſſe qu'on peut déſirer ; mais celle du Vicomte de Turenne a
encore, ce ſemble, quelque choſe de plus,
& paſſera dans tous les tems pour un chef-
d'œuvre en ce genre.

FENELON.

FEnelon Archevêque de Cambray,
étoit non ſeulement le génie le plus
vif & le plus brillant, mais peut-être même le plus vaſte & le mieux cultivé de
ſon ſiecle. Tous ſes jours étoient conſa-
crez à l'étude, & ſans preſque aucune
étude il auroit été capable de s'élever
au-deſſus de tous ceux qui auroient voulu ſe meſurer avec lui. Il avoit joint les
plus beaux ſecrets de l'art aux graces les
plus charmantes & les plus naïves de la
nature. Il peignoit avec les couleurs les

plus vives & les plus lumineuses tout ce qu'il vouloit toucher. Qu'est-ce qui a sçu tout à la fois répandre plus de lumieres, & mieux exciter les grands mouvemens? Il instruit, & il enleve. La vérité qu'il présente, il l'a rend aimable; il persuade, & contre l'ordinaire, on est ravi d'être, convaincu. On est charmé d'un tel guide, &, on voudroit ne le quitter jamais: c'est un maître, ou plûtôt un moniteur qui ménage notre délicatesse, & qui ne nous fait obéir qu'à nous-mêmes. Il doute avec nous, & il nous fait raisonner avec lui pour éclaircir & dissiper nos doutes. Les matieres les plus abstraites se développent à ses yeux, & reçoivent de sa plume cette ingénieuse clarté qui les rend sensibles aux esprits les plus mediocres. Avec lui on ne sent presque plus ses propres bornes; il semble nous donner de son esprit pour étendre le nôtre. Ce que l'éloquence a de varié, de doux, d'insinuant, d'affectueux, & de tendre est imprimé sur tout ce qu'il écrit; & ce qui est aussi beau d'y trouver, sa droiture & sa candeur s'y sont peintes elles-mêmes. La mémoire de ce grand Prélat sera d'autant plus précieuse, que tout le tems où il fut rendu à lui-même, il l'employa à défendre de toutes ses forces la Religion, & à se faire d'une erreur qui lui étoit échapée , un motif de devenir un aussi grand modéle par son exemple que par ses paroles.

BOURDALOUE.

Bourdalouë Jesuite , étoit sans contredit le premier Orateur de son siecle, & peut-être le meilleur que la France ait jamais eu. Il avoit dans un éminent dégré tout ce qui peut former un parfait Prédicateur. Il reçut de la nature un fond de raison, qui jointe à une imagination vive & pénétrante , lui faisoit trouver d'abord dans chaque chose le solide & le vrai. Le feu dont il animoit son action , sa rapidité en prononçant, sa voix pleine , douce & harmonieuse, tout étoit Orateur en lui , & tout servoit à son talent. Esprit sublime, il pensoit toûjours noblement , & son expression répondoit parfaitement à ses pensées : Orateur , Philosophe & Théologien tout ensemble. Rien n'est plus éloquent , plus resserré , plus exact que ses admirables discours. Sa profonde capacité ne lui laissoit presque rien ignorer ; fertile & d'une fécondité merveilleuse , il fait souvent sur un même sujet plusieurs discours dont chacun semble avoir épuisé ſa matiere. Toûjours ſoutenu parmi cette multitude incroyable de Sermons qu'il a compoſez, on n'en voit preſqu'aucun qui ne ſoit excellent. Egalement verſé dans les differens genres de l'éloquence Chrétienne, ſoit qu'on liſe ſes Sermons de morale, ſes Oraiſons funebres, ou ſes Panegyriques, par tout il paroit le plus grand des Prédicateurs. Tous ceux qui ſont venus après lui ſe ſont efforcez de l'imiter, mais perſonne encore n'a pû l'atteindre. Tant & de ſi grandes qualitez étoient infiniment relevées par une pieté tendre & par une modeſtie rare qu'il con-ſerva toûjours au milieu même de ſes plus grands ſuccès. Il fit pendant les 34 dernieres années de ſa vie l'admiration & les délices de la Cour & de la Ville ; mais ſa réputation s'étendit bien davantage après ſa mort ; elle vola juſques dans les Régions les plus barbares & les plus re-culées ; & ſes œuvres qu'on a déja tra-duit en toutes ſortes de langues, font voir qu'on peut être au goût de tout le monde.

CHEMINAIS.

CHeminais Jeſuite commença par où les autres ſe feroient une gloire de fi-nir. Il charma dès qu'il parut, & l'on ne peut douter qu'il n'eut égalé les plus grands Maîtres, si la mort ne l'avoit pas enlevé à la fleur de son âge. Il avoit l'esprit solide, droit & pénétrant; une imagination vive & brillante, mais autant de phlegme & de justesse qu'il en falloit pour regler son feu; sur tout un génie heureux, & une facilité extraordinaire pour inventer, & en même tems un bon goût & un discernement fin pour bien choisir. Il avoit aussi beaucoup de naïveté & de méthode, des réfléxions toûjours saines & judicieuses avec une expression aisée & noble tout ensemble : Mais en quoi il a excellé, c'est dans l'art de toucher les ames. Que de douceur! que d'amenité! que d'attraits! que de sentimens tendres & affectueux dans tous ses discours! Il s'insinuë, il pénetre, il gagne tous ses Auditeurs. Il semble n'en vouloir qu'au cœur; mais en triomphant du cœur, il attire, pour ainsi dire, & persuade l'esprit. Son talent extérieur répondoit parfaitement à ses éminentes qualitez. Il avoit le ton de la voix fort beau, un air modeste & dévot, mais vif & animé. Toute son action étoit naturelle; & l'on ne peut souhaiter dans un Orateur de plus grandes dispositions pour la Chaire, qu'en avoit le Pere Cheminais.

POETES EPIQUES.

HOMERE.

HOmere nommé d'abord *Meleſigene* fût depuis appellé Homere, parce-qu'il étoit aveugle. C'eſt le plus ancien de tous les Poëtes profânes dont les ouvages ſoient venus juſqu'à nous. Le different de ſept Villes de l'Aſie mineure qui ſe diſputoient l'honneur d'avoir donné la naiſſance à ce grand homme, eſt une preuve aſſez claire qu'on ne connoît pas ſa Patrie. On n'eſt guéres plus certain du tems auquel il a vécu ; la plûpart le placent pourtant en 2958. Ses Poëmes de l'Iliade, & de l'Odiſſée lui ont mérité les éloges & l'admiration de toute la poſterité. Il ſçait parfaitement tous les tours & toutes les fineſſes de la Langue Grecque ; auſſi rien de plus pur, ni de varié que ſes expreſſions ; l'harmonieuſe cadence de ſes vers enchante & ravit les oreilles les plus délicates : Il eſt éloquent dans ſes harangues, amuſant dans ſes narrations, noble tout à la fois, & naturel dans ſes ſentimens, vif & plein d'élé-

N iiij

gance dans ses descriptions , enlevant dans ses caracteres , naïf & gracieux dans ses peintures ; mais , oserai-je le dire , ce Poëte tout admirable qu'il est , ne laisse pas d'avoir ses défauts ; il ne se contente pas de sommeiller , comme dit Horace , il réve même en sommeillant. Il s'amuse un peu trop à la bagatelle , & lasse souvent la patience des lecteurs par une multitude prodigieuse d'épisodes déplacées. Il est bas & rampant dans plusieurs de ses comparaisons , & tout--à-fait impie dans sa Religion , puisqu'il a peine d'égayer sa matiere aux dépens même des Dieux ausquels il donne tous les vices , & qu'il met constamment beaucoup au-dessous de ses Héros. On ne sçait , & je crois même qu'il est impossible de sçavoir, qu'elle est l'action principale de l'Iliade : La mort d'Hector en est à proprement parler le dénoüement ; mais comment regle-t'on le duel de ce Héros avec Achille ? le moindre de nos Officiers se deshonoreroit, s'il prenoit tous les avantages qu'on donne à ce dernier. Il n'y avoit en cet état nulle gloire à vaincre Hector , & peut-être y avoit-il quelque honte à le tuer.

VIRGILE.

Virgile le plus excellent de tous les Poëtes latins qu'ait eû la Ville de Rome, florissoit sous le Regne d'Auguste. Il étoit né dans le Village d'Andes près de Mantouë, l'an 684. après la fondation de Rome. Nous avons de ce grand Poëte dix Eglogues sous le nom de Bucoliques, quatre Livres de Georgiques, & douze Livres de l'Eneïde. Les Eglogues & les Georgiques sont au jugement de tout le monde, ce qu'il y a de plus parfait en ces deux genres, & l'Enéïde est aussi-bien que l'Iliade d'Homere le chef-d'œuvre de la Poësie Epique. Dans ces differentes sortes de Poësie Virgile a toûjours eu quelque grand-Maître devant les yeux; mais il sçait s'élever au-dessus d'eux, & les laisse bien loin après lui. Il prend dans ses Bucoliques Theocrite pour guide; mais il faut convenir que ses Bergers sont bien plus polis & plus agréables que ceux du Poëte de Sicile. Il leur donne de l'esprit sans leur ôter pourtant cette aimable ingénuité qui fait le charme de la Poësie Pastorale. On trouve dans ses Eglogues je ne sçai quel sel délicat & fin qui ne peut être que le present des Muses. A l'égard de ses Georgiques il s'éleva si fort au-deſſus de celles d'Heſiode , qu'il en fit négliger ou même mépriser la lecture. En effet la varieté des objets que le Poëte préſente à ses lecteurs , les délaſſe , & leur épargne l'ennui des inſtructions sérieuses. La séchereſſe des préceptes y eſt tempérée par les agrémens de l'élocution & de l'invention Poëtique. Il séme , pour ainſi dire , les roses parmi les moiſſons qu'il cultive , & sous ses mains la nature qui semble enlaidie à force de fard , brille de mille graces que le seul arrangement lui donne. Son dernier & son plus grand ouvrage eſt l'Enéïde , Poëme admirable où Virgile a trouvé le secret de ramaſſer toutes les beautez qu'Homere avoit répanduës dans l'Odiſſée & dans l'Iliade : Ce qu'il y a d'original eſt inimitable , & ce qu'il emprunte de son modéle reçoit de sa plume une grace toute nouvelle. Il chante un Prince vertueux Auteur de la Maiſon des Céſars , qui fonde sur sa pieté toûjours conſtante & victorieuse , un état dont s'eſt formé l'Empire des Maîtres du Monde. L'ingénieuse & charmante varieté de ses épiſodes nous promene de spectacle en spectacle , & nous offre par tout

des circonstances, où toutes les vertus
des Héros se déployent & nous interes-
sent à sa destinée. Le Poëte prend à tâ-
che d'emmener tout à son but principal
qu'il ne perd point de vûë. Vif, mais exact
dans ses descriptions, il ne saisit que des
images convenables à son dessein. Il a
de l'imagination, mais il sçait la regler &
la plier avec sagesse : Tantôt c'est un
torrent qui coule avec rapidité ; tantôt
c'est un fleuve lent & tranquille qui roule
majestueusement ses eaux. Dans ses harangues brille une éloquence molle & in-
sinuante ; tout y est judicieux & mesuré
sur les regles : Ses portraits sont achevez ;
il n'oublie rien de ce qui peut servir à
marquer les hommes, & à les caracteri-
ser. Sa morale est presque toûjours saine ;
nulle obscénité dans les paroles, & par
tout de grands exemples de vertu. Rien
n'est plus touchant, plus gracieux, que
la simple & naïve peinture qu'il fait des
mœurs antiques. Il anime, il passionne
tout dans ses vers. Tout pense, tout a
du sentiment, tout vous en donne ; & son
stile pur, énergique, & plein d'élegance
exprime admirablement la noblesse & la
sublimité de ses pensées.

POETES TRAGIQUES.

SOPHOCLE.

SOphocle Athénien étoit au jugement d'Ariftote, de Ciceron, & de Virgile le meilleur des Poëtes Tragiques. Il remporta jufqu'à 23 prix fur fes concurrents ; & le dernier qu'il eut, lui caufa tant de plaifir qu'il mourut de joye. La Tragedie lui eft redevable de prefque toute fa perfection ; il en augmenta confidérablement la pompe, & fut, dit-on, l'Inventeur du Cothurne. Son ftile eft pur & concis, mais fans obfcurité ; fes perfonnages font naturels & foûtenus, fes fujets font fimples, mais intereffans. La véhémence, l'élévation, la force & la noblefe font fon principal caraĉtere. De 120 Tragédies qu'il avoit faites, il ne nous en refte que fept, qui font un témoignage de la beauté de fon efprit.

EURIPIDE.

EUripide nâquit dans l'Isle de Sala-mine. Il étoit à peu près du même âge, & avoit presque autant de mérite que Sophocle. Il est sententieux & moral. Son stile est plein de douceur, son ex-pression heureuse & coulante. Il donne un tour aisé à tout ce qu'il traite. On diroit que c'est la nature elle-même qui s'expri-me par sa bouche. Bien que son esprit ne soit pas porté de lui-même au grand, il corrigea son défaut, & le força, pour ainsi dire, d'être Tragique.& relevé. Il composa 92 Tragédies, la plûpart ont péri par l'injure des tems, & nous n'en avons plus que 19. L'Auteur de tant de Tragédies fit une fin des plus tragiques : Comme il se promenoit dans un bois, il fut rencontré par les chiens d'Archelaüs Roi de Macédoine qui le mirent en pié-ces. La nouvelle de sa mort affligea de telle sorte les Athéniens que toute la Ville en prit le deüil.

CORNEILLE.

Corneille vivoit dans le dernier Siécle. C'eſt ſui qui décraſſa, ſi j'oſe parler de la ſorte, le Théatre françois. Il s'éleve par la ſublimité & la vaſte étenduë de ſon génie au-deſſus même des anciens. Il s'écarte ſans façon des régles qu'ils ont tracées, & ſa hardieſſe lui réuſſit quelques fois. Il manie en maître tout ce qu'il y a de plus noble & de plus impérieux dans la raiſon. Il peint les hommes, non comme ils ſont, mais comme ils devroient être. Il éleve, il étonne, il maîtriſe, il inſtruit. On ne ſçauroit l'égaler dans les endroits où il excelle ; il a pour lors un caractere original & inimitable, mais il eſt inégal, & ſes premieres ni ſes dernieres pieces ne répondent pas à l'idée avantageuſe que nous donnent celles du milieu ; il a même dans quelques-unes de celles-ci des fautes inexcuſables contre les mœurs, un ſtile de Déclamateur, & des négligences dans les vers & dans l'expreſſion, qu'on ne peut comprendre dans un ſi grand homme.

RACINE.

RAcine eſt le plus parfait & le plus exaćt des Poëtes Tragiques. Ses Piéces ſont juſtes, régulieres, priſes dans le bons ſens & dans la nature. Sa verſiſication eſt correćte, élegante, harmonieuſe, & riche dans ſes rimes. Fidéle imitateur des Anciens, il en a ſuivi ſcrupuleuſement la netteté & la ſimplicité de l'aćtion. Il montre les hommes tels qu'ils ſont, & ſes caraćteres ſont aſſez ſemblables à ceux de notre ſiecle. Le grand & le merveilleux ne lui manquent pas, mais il eſt ſurtout patétique & touchant. La repréſentation & même la lećture de ſes Tragédies ébranle, attendrit tous les cœurs, & fait ſouvent couler les larmes. S'il péche en quelque choſe, c'eſt par trop de tendreſſe; car il fait ordinairement échoüer la vertu de ſes Héros par les douceurs & les charmes de l'amour.

POETES COMIQUES.

ARISTOPHANE.

ARistophane Athenien florissoit vers la fin de la guerre du Peloponese. On le regarde communément comme le chef de l'ancienne Comedie. De plus de 50 Comedies qu'il avoit composées, il ne nous en reste qu'onze. Cet Auteur est plein d'esprit, & de sel attique, mais il est encore plus libertin & plus corrompu qu'il n'est ingénieux. Il avoit le naturel bilieux & ardent ; le génie tourné à la raillerie ; l'esprit libre & élevé, & surtout un courage qui le portoit à n'épargner personne quand il s'agissoit de reprendre les vices. Il nommoit les gens sans aucun respect humain, & se rendoit encore plus formidable aux Grands, qu'aux personnes de la lie du peuple.

MENANDRE.

MENANDRE.

MEnandre nâquit à Athenes environ 80 ans après la mort d'Aristophane. Il purgea la nouvelle Comedie de l'effronterie & de l'insolence de l'ancienne. Il avoit composé 108 ou 109 Comedies dont la perte ne peut être trop regrettée. Il est tout-à-fait charmant dans le peu de fragmens qui nous restent. Ce Poete a l'imagination féconde, & une facilité merveilleuse de s'exprimer avec autant de force que de grace. Il fait des portraits fort agréables de la vie civile. Il entre dans tous les sentimens de ceux qu'il introduit sur la Scéne, fait parler chaque personne selon son veritable caractere, & s'attache autant qu'il peut à la nature dans les differentes peintures qu'il fait des mœurs de son Siecle.

PLAUTE.

PLaute étoit natif de Sarsine en Ombrie. Nous avons 19 Comedies de ce Poete. L'invention en est admirable,

O

& le latin exquis, si l'on en excepte quelques vieux mots. Il s'exprime avec autant d'énergie que de précision. Varron assuroit que si les Muses avoient voulu parler le langage des hommes, elles auroient emprunté celui de Plaute pour s'en acquitter avec plus de grace. Sa maniere de dire des plaisanteries est vive & picquante, & l'on ne peut disconvenir qu'il n'ait de grandes beautez, mais elles sont ternies par bien de défauts. Ses Piéces n'ont ni l'ordre, ni l'exactitude nécessaire; elles sont pleines de badineries & de subtilitez froides & pueriles. Il tombe souvent dans un *Tabarinage* effronté, & semble n'avoir écrit que pour les esclaves. La pudeur est sans cesse allarmée en le lisant, & le profit qu'on en peut retirer ne merite pas qu'on s'expose aux dangers qu'il y a de s'adonner à une pareille lecture.

TERENCE.

TErence étoit de Cartage en Affrique. Il vint à Rome avec Terentius Senateur Romain dont il étoit Esclave, & qui charmé de son esprit lui donna bientôt la liberté. Il a toûjours éte regar-

dé comme le premier des Auteurs latins
pour la pureté de fon ftile, & par la
grace & la naïveté du difcours. La lecture de Menandre, & la judicieufe critique de Scipion & de Lælius lui donnerent un goût pur & exquis : Auffi rien
n'eft-il plus exact, plus élégant, plus naturel que fes Comedies. Il feroit fans défaut s'il avoit plus de vivacité, & s'il étoit
moins libre dans fes paroles. On ne doit
le lire qu'avec précaution, & corrigé par
Jouvency.

MOLIERE.

Moliere a furpaffé tous les anciens
& tous ceux qui font venus après
lui par une furprenante varieté de fujets,
par la beauté de certains caracteres, les
faillies de fon imagination, & la fineffe de
fes plaifanteries. Il a peint par les traits les
plus forts tout ce que nous voyons de dé-
réglé & de ridicule ; mais en penfant bien
il parle fouvent mal. Il fe fert des phrafes
les plus forcées & les moins naturelles.
Sa profe vaut ordinairement mieux que
fes vers. D'ailleurs il donne un tour gracieux au vice, avec une auftérité odieufe
à la vertu. Enfin il s'oublie étrangement

dans quelques - unes de ſes pieces : Ce
n'eſt plus l'excellent Auteur, c'eſt le ſinge
de Plaute qui devient par ſes obſcénitez,
& par ſes bouffonneries l'eſclave du goût
de la plus vile populace, ou tout au plus
des *Petits-Maîtres*. La lecture de ces ſortes de Piéces eſt trés-dangereuſe, la repréſentation en eſt criminelle, & doit être
à jamais proſcrite du Théatre.

POETES SATYRIQUES.

HORACE.

HOrace Prince des Poëtes Satyriques,
& le plus bel eſprit de la Cour d'Auguſte, étoit de Venoſe, & fils d'un Affranchi. On croit en le liſant pouvoir l'i-
miter, mais la plume à la main on en dé-
ſeſpere. Ce n'eſt préciſement ni l'étude,
ni l'eſprit, ni la ſcience, ni le bon ſens qui
peuvent faire un ſecond Horace, toutes
ces qualitez étant éminentes en lui ; mais
il avoit encore cette amenité, ce naturel,
cette ſagacité à diſtinguer le vrai du faux,
le bon du mediocre ; ces traits vifs &
picquans ; ce je ne ſçai quoi enfin qui
donne la derniere perfection aux ouvra-

ges , qui plaît , qu'on faifit , & qui échape auffi-tôt qu'on veut fe l'adopter. Odes , Lettres , Satyres , Art Poëtique , tout ce qu'il a fait durera autant que l'excellent fera eftimable. On le lit à la Cour comme au College ; c'eft un honneur de le fçavoir, & quelques fois un merite de le citer à propos.

PERSE.

PErfe étoit Chevalier Romain , natif de Volterre ancienne Ville d'Etrurie. Nous n'avons de lui que fix Satyres latines fort eftimées des Anciens. Elles font vives, preffantes, ferrées, juftes & exactes, mais d'une très-grande obfcurité. Il femble qu'il craignoit d'être entendu. Le plaifir d'appercevoir les beautez qu'il a cachées ne dédommagent pas de la peine qu'on prend à percer au travers des ténébres qu'il a par tout répanduës.

JUVENAL.

JUvenal natif d'Aquin , Ville de la Campanie étoit d'une très-baffe naiffance. Il confuma fes plus belles années dans les Arts de l'Ecole & du Barreau ; aussi ses Satyres se ressentent un peu trop de cet air de déclamation. Semblable au torrent le plus rapide, il fond avec fureur, & se décharge sur tout ce qu'il trouve en son chemin. Il ne fait nulle distinction de l'esclave ni du maître. Malheur à quiconque lui blessoit les yeux, il le peignoit avec des couleurs ineffaçables.

BOILEAU.

BOileau le plus excellent des Poëtes françois a sçu parfaitement réünir les traits les plus hardis & les mieux marquez de Juvenal , aux traits fins & délicats d'Horace. En les copiant l'un & l'autre, il s'est rendu lui-même un éminent original. Il n'avoit pas le génie Poëtique de ses maîtres ; mais son application à les étudier lui servoit de génie , & l'esprit naturellement satyrique lui tenoit lieu d'Appollon. Il cherchoit long - tems le beau & le vrai, & ne se contentoit qu'après l'avoir trouvé : Un vers bien frappé ; un tour, un bon mot lui a quelquefois plus coûté qu'à certains Auteurs un volume entier.

POETES LYRIQUES.

ANACREON.

ANacreon étoit de Teos en Yonie d'une naiſſance illuſtre, & de l'ancienne famille de Codrus dernier Roi d'Athenes. Cet Auteur eſt ſimple & badin, les fleurs naiſſent, pour ainſi dire, ſous ſa plume. Ses vers ſont aiſez, & paroiſſent être plûtôt l'ouvrage de ſon cœur que celui de ſon eſprit. Il ſemble même renoncer à la gloire d'être ingénieux & ſçavant pour nous montrer un beau naturel. Ses Odes ne ſont pour la plûpart que des petites chanſons qui paroiſſent dictées par l'amour & par Bacchus. Elles ſont courtes, ſa pareſſe n'en eut pas ſouffert d'autres. Naïf, il n'écrivoit que ce qu'il ſentoit, toujours rempli de tour & d'élégance, il attendoit les momens heureux de ſon imagination, & ne faiſoit proprement qu'obéir à ſon génie.

PINDARE.

PIndare Thébain de nation, florissoit vers l'an du monde 3574. D'un grand nombre d'ouvrages qu'il avoit fait, nous n'avons que les Odes qu'il composa pour ceux qui de son tems avoient remporté le prix aux quatre Jeux solemnels de la Gréce. C'est un Aigle qui s'éleve de terre & qui d'un vol rapide va se mêler parmi les Dieux. Ses sentimens religieux, l'éloge constant de la vertu; une aigre censure des vices; la sublime hauteur de ses pensées; la hardiesse, l'abondance & la beauté de ses expressions lui ont acquis la primauté entre les Poëtes lyriques. On lui reproche de s'écarter quelquefois de son sujet, mais c'est un beau désordre qui plaît, & qu'on peut appeller le chef-d'œuvre de l'art. Alexandre le Grand eut tant de respect pour la mémoire de cet illustre Poëte, qu'à la prise de Thebes où il mit tout à feu & à sang, il épargna la maison où avoit autrefois demeuré Pindare, épargna du carnage général tout ce qui restoit de sa famille.

MALHERBE.

MALHERBE.

Malherbe eſt un des Auteurs à qui la Poëſie françoiſe a le plus d'obligation. C'eſt lui qui le premier fit ſentir une juſte cadence dans nos vers, & qui nous apprit le choix & l'arrangement des mots. La Nature ne l'avoit pas fait grand Poëte, mais il corrigea ce défaut par ſon eſprit & par ſon travail. Quelques-unes de ſes Odes ne vieilliront jamais, parce que le bon goût eſt de tous les Siécles. Il y montre d'un ſtile plein & uniforme tout ce que la nature a de plus ſublime & de plus beau, de plus naïf & de plus ſimple. Ses penſées ſont juſtes, ſes expreſſions ſont nobles, ſon vers aiſé, ſes figures variées, mais il ne s'en permet jamais de trop hardies, & ſage juſques dans ſes emportemens, il a preſque toûjours fait voir qu'on peut être raiſonnable ſans être froid.

P

ROUSSEAU.

ROusseau s'est rendu très-célébre par
ses Poësies. C'est un des Auteurs de
notre Siécle qu'on lit & qu'on estime le
plus. Le Poëte , mais le Poëte admirable , paroit dans plusieurs de ses Odes.
On diroit en lisant sa traduction des Pseau-
mes de David qu'il étoit animé du même
feu dont ce Prophéte étoit embrasé. Son
Ode contre la fortune vaut seule un
long Poëme, & surpasse tout ce que les
Anciens ont jamais fait de meilleur en ce
genre. On lui attribuë quantité de piéces dont la licence & l'impieté font rou-
gir non seulement le Chrétien , mais encore l'honnête homme.

HOUDART DE LA MOTTE.

LA politesse de l'expression , & la
justesse du raisonnement forment le
caractere propre de cet illustre Acadé-
micien. Dans tous ses ouvrages de prose
& de vers, *il fut si souvent couronné par
l'Academie Françoise , & par celle des
Jeux Floraux , qu'il fut enfin prié de ne*

plus concourir. Une grande partie de ses Odes ne seroient pas desavoüées de Pindare, d'Horace, ni d'Anacreon. La critique, il est vrai, ne lui donne pas par tout la gloire d'une expression libre & aisée, ni cet heureux enthousiasme que produit une imagination vive & féconde, mais (au sentiment des Sçavans les plus illustres) c'est une critique jalouse & qui peut-être aime plus à décrier le merite qu'à dire la verité.

Un sçavant & célébre Abbé fit ces vers il y a plusieurs années à la loüange de M. de la Motte.

> Porte jusqu'au Ciel ton Horace,
> Rome , nous ne te devons rien.
> Le nôtre n'a pas moins de grace
> Qu'en avoit autrefois le tien.

> On l'entend sans que je le nomme.
> Eh ! quel autre pourroit s'offrir ?
> Avec le Lyrique de Rome
> LA MOTTE seul doit concourir.
> La Seine admire ce génie,
> Ce goût, ce feu, cette harmonie
> Dont le Tybre fut si charmé ,
> Tout établit la concurrence :
> J'ai peint l'Horace de la France ,
> C'est autant que l'avoir nommé.

P ij

POETES ELEGIAQUES.

OVIDE.

OVide Chevalier Romain, étoit de Sulmone dans l'Abruzze, & florif-foit fous le Regne d'Augufte. Il a fur-tout excellé dans l'Elegie. Retranchez de fes Héroïdes quelques vers trop libres, c'eft un ouvrage accompli. Ses Méta-morphofes nous apprenent l'hiftoire des Dieux , & fes Faftes les jours deftinez à leur culte ; digne Poëtes des Dieux in-fâmes qu'il célebre. On paffe fes Livres des amours, il a eu honte lui-même de les avoir écrits : L'éxil qu'ils lui attirerent, le rendit un peu plus fage dans fes Let-tres. Outre la corruption du cœur on peut lui attribuer un efpece de libertinage d'efprit : Il fe donne carriere fur tout , & fon ingénieufe fécondité lui eft fouvent nuifible. Il penfe bien , & toutes les ma-nieres de s'exprimer viennent à fon ordre, mais il ne peut en refufer aucune : Il fe prête à toutes avec trop de complaifance, & devient par-là trop diffus. Il remanie cent fois la même penfée ; il la dévoile , &

la presente trop à nu ; il ne sçauroit enfin être moderé ni discret.

CATULLE.

CAtulle nâquit à Veronne dans le tems que la Republique Romaine étoit déchirée par les factions de Marius & de Silla. Il composa des Elégies, des Odes, des Epigrammes, & des grands vers. Son caractere est la tendresse, la douceur, l'enjouement, une facilité naturelle & élégante, une diction pure ; mais les obscénitez dont ses ouvrages sont remplis doivent donner de l'horreur pour ce Poëte, même à ne juger des choses que selon les maximes de l'honnêteté civile & payenne. On ne peut voir sans gémir que des Ouvrages aussi abominables soient lûs par des Chrétiens, & qu'ils soient mis entre les mains sur tout des jeunes gens.

TIBULLE.

TIbulle nâquit à Rome la même année qu'Ovide nâquit à Sulmone. Il étoit Chevalier Romain, & composa des

Elégies tendres & galantes, mais dont un Chrétien & un honnête homme ne sçauroient soutenir la lecture à cause de leurs saletez. Nous avons trois Livres de ses Elégies : Son quatriéme Livre n'est composé que du Panegyrique de Messala, & de quelques Epigrammes. Tibulle mourut jeune ; & Ovide qui l'aimoit beaucoup exprima ses regrets & sa douleur par une excellente Elégie.

PROPERCE.

PRoperce Chevalier Romain étoit de Meziana Ville d'Ombrie. Ayant perdu son pere & tous ses biens, il vint à Rome, & trouva de la protection auprès de Mécene le pere & l'appu ide tous les Sçavans. Nous avons de ce Poëte quatre Livres d'Elégies, qui ont un air aisé & naturel, de la noblesse, de l'élévation, & qui sont écrites d'un stile très-pur & très-châtié ; mais les obscénitez grossieres & fréquentes qui sont dans ce Poëte, doivent éloigner de sa lecture tous ceux qui ont quelque amour pour la pudeur. On ne doit pas pour un mot latin s'exposer à la perte de son innocence.

POETES FABULISTES.

PHEDRE.

PHedre originaire de Thrace, & Affranchi d'Auguste, florissoit sous
l'Empire de Tibere. Le petit Livre de
ses Fables est un Livre d'or, d'autant
plus estimable qu'il est à la portée de
tout le monde. Les personnes d'un esprit
mûr admirent les instructions qui sont cachées avec tant de graces & d'adresse
dans les replis de ses Fables. Les jeunes
gens s'arrêtant à l'écorce de ses fictions
ingenieuses, ne laissent pas d'être charmez
par un agréable divertissement ; & tous y
trouvent un modéle achevé d'une narra-
tion excellente. Cet Auteur y raconte
ses Fables avec une précision merveilleuse, avec beaucoup de clarté dans son
stile, & avec une pureté d'expression veritablement digne du siecle d'Auguste.

LA FONTAINE.

LA Fontaine qu'on peut appeller le Phédre françois, est dans toutes ses Fables ingénieux & charmant. On ne peut le lire sans être agréablement instruit, & on n'en peut quitter la lecture sans souhaiter de la reprendre. Heureux s'il se fut contenté de plaire à l'esprit sans vouloir pervertir le cœur, & si en sortant glorieusement d'une carriere, il ne s'en fut ouvert une seconde aux dépens de la bienséance, de la pudeur & de la Religion. Mysteres d'iniquité, exemples séducteurs, Contes abominables, ce sont comme autant de traits empoisonnez d'une plume venduë au plus affreux libertinage. Il a lui-même condamné cet ouvrage au feu, & il auroit voulu pouvoir l'effacer de ses larmes.

MARTIAL.

MArtial natif de Bilbilis en Espagne, & favori de Domitien, fit souvent servir sa Poësie à flatter lâchement les vices de ce Prince. Il composa quatorze

Livres d'Epigrames, dont la beauté roule un peu trop fur la pointe & le jeu des mots. D'ailleurs fon ftile eft vif, pur & élegant ; fa latinité exquife, quelquefois pourtant un peu trop recherchée. La lecture de ce Poëte peut fervir beaucoup à former l'efprit & les mœurs, fi on en retranche pourtant quelques Epigrammes dont les obfcénitez groffieres ne font que trop capables d'allarmer la pudeur des honnêtes gens.

CLEMENT MAROT.

CLement Marot vivoit fous le Regne de François I. C'eft le plus ancien de nos bons Poëtes, mais il femble renaître tous les ans. Sa vivacité naturelle & fon agrément lui donnent un air de jeuneffe qui brille jufques dans fon vieux langage. Il a fait en quelque forte la fortune de beaucoup d'anciens mots qu'on emprunte volontiers de lui, & qu'on employe même à titre d'ornement. Jamais il ne fut plus à la mode qu'à prefent. Il eft du bel efprit de le copier, & on eft prefque fûr d'être applaudi de certaines gens avec une piece Marotique. Il en faut cependant retrancher le libertinage.

Mais combien peu sçavent badiner &
plaisanter avec grace ?

DUCERSEAU.

DUcerseau a mieux imité que personne l'élégant badinage de Marot.
La charmante naïveté qui se trouve dans
ses pensées, ses tours ingénieux, sa diction
pure & enjoüée ne sont pas ses seuls talens : Il sçait aussi répandre une noblesse
& une dignité merveilleuse sur les choses
qui en paroissent le moins susceptibles. Ce
qu'il dit est ordinairement assez commun
pour le fond , mais il le presente sous des
jours qui lui donnent un air de nouveauté
& quelque chose de picquant. Le naturel
& le vrai sont pour ainsi dire le fond & la
matiere de ses Ouvrages. Rien de plus
simple pour l'ordinaire que ses sujets ; mais
il a soin de les relever par une versifica-
tion aisée & coulante ; par une fécondité , une délicatesse , une netteté d'expression , & , si j'ose le dire , par une légereté de pinceau qui plaisent infiniment.
Sa Muse est gaye & badine , mais elle ne
s'écarte jamais des régles de la bienséance
& du devoir.

F I N.

~~~~~~

APPROBATION.

J'AY lû par ordre de Monseigneur le Garde des Sceaux, un Manuscrit qui contient l'*Histoire abregée de vingt-quatre Peres de l'Eglise, & des Empereurs Romains depuis Iules Cesar jusqu'à Constantin le Grand :* & de plus, *les Caracteres de cinquante-huit des meilleurs Historiens, Orateurs & Poëtes Grecs Latins & François.* En Sorbonne ce 10. Juin 1732. *DE MARCILLI.*

PRIVILEGE DU ROY.

LOUIS par la grace de Dieu, Roi de France & de Navarre : A nos amez & feaux Conseillers les Gens tenans nos Cours de Parlement, Maîtres des Requétes ordinaires de notre Hôtel, Grand Conseil, Prévôt de Paris, Baillifs, Sénéchaux, leurs Lieutenans Civils & autres nos Justiciers qu'il appartiendra : Salut. Notre bien amé le sieur L*** Nous ayant fait supplier de lui accorder nos Lettres de Permission pour l'impression d'un Ouvrage intitulé : *Abregé de l'Histoire de vingt-quatre Peres de l'Eglise, Histoire abregée des Empereurs Romains depuis Iules Cesar jusqu'à Constantin. Caracteres de cinquante-huit des meilleurs Historiens, Orateurs & Poëtes Grecs, Latins & François,* qu'il souhaiteroit faire imprimer & donner au Public, offrant pour cet effet de le faire imprimer en bon papier & en beaux caracteres suivant la feüille imprimée & attachée pour modéle sous le contre-scel des Presentes. Nous lui avons permis & permettons par ces Présentes, de faire imprimer ledit Livre ci-dessus specifié en un ou plusieurs volumes conjointement ou séparement, & autant de fois que bon lui semblera, & de les vendre, faire vendre & débiter par tout notre Royaume pendant le tems de *trois années* consécutives, à compter du jour de la datte desdites Présentes. Faisons défenses à tous Libraires - Imprimeurs & autres personnes de quelque qualité & condition qu'elles soient d'en introduire d'impression étrangere dans aucun lieu de notre obéïssance ; à la charge que ces Presentes seront enregistrées tout au long sur le Registre de la Communauté des Libraires & Imprimeurs de Paris; dans trois mois de la datte d'icelles ; que l'impression de ce Livre sera faite dans notre Royaume, & non ailleurs,
~~~~~~

& que l'Impetrant se conformera en tout aux Règle-
mens de la Librairie; & notamment à celui du dix
Avril 1725. & qu'avant que de l'exposer en vente, le
Manuscrit ou Imprimé qui aura servi de copie à l'impression dudit Livre sera remis dans lemême état où l'Approbation y auront été données, ès mains de notre très-
cher & feal Chevalier Garde des Sceaux de France
le sieur CHAUVELIN; & qu'il en sera ensuite remis deux Exemplaires de chacun dans notre Biblioté-
que publique, un dans celle de notre Château du Louvre,
& un dans celle de notredit très-cher & féal Chevalier
Garde des Sceaux de France le sieur Chauvelin; le tout à
peine de nullité des Présentes : Du contenu desquelles
vous mandons & enjoignons de faire joüir l'Exposant
ou ses ayans cause, pleinement & paisiblement, sans
souffrir qu'il leur soit fait aucun trouble ou empêche-
ment. Voulons qu'à la copie desdites Présentes, qui sera
imprimée tout au long au commencement ou à la fin dudit Livre, foi soit ajoutée comme à l'Original. Com-
mandons au premier notre Huissier ou Sergent, de faire
pour l'execution d'icelles tous Actes requis & necessaires,
sans demander autre permission, & nonobstant clameur
de Haro, Charte Normande, & Lettres à ce contraires :
car tel est notre plaisir. Donné à Compiegne le quatorziéme jour du mois de Juin, l'an de grace mil sept
trente-deux, & de notre Regne le dix-septiéme. Par
Roi en son Conseil. SAINSON.

*Regiftré sur le Regiftre 8. de la Chambre Royale & Syn-
dicale de Librairie & Imprimerie de Paris. No 402. fol.
387. conformément au Reglement de 1723. qui fait deffenses
art. 4. à toutes personnes de quelque qualité qu'elles soient,
autres que les Libraires & Imprimeurs de vendre, debiter
& faire afficher aucuns Livres pour les vendre en-leurs
noms, soit qu'ils s'en disent les Auteurs ou autrement : &
à la charge de fournir les Exemplaires prescrits par l'arti-
cle 108. du même Reglement. A Paris le 5. Aoust 1732.
Signé, MARTIN, Syndic.*

De l'Imprimerie de KNAPEN. 1732.